Tilo Benner

Cool bleiben statt zuschlagen!

Bausteine zur Gewaltprävention
5. bis 9. Klasse

Illustrationen: Claudia Hauboldt

Der Autor:

Tilo Benner – geboren 1969, gelernter evangelischer Pfarrer, Tätigkeit als Referent im Bereich Gewaltprävention, als pädagogischer Mitarbeiter in Sozialen Trainingskursen für jugendliche Straftäter und als Betreuungshelfer für delinquente und sozial benachteiligte Jugendliche.

Zurzeit arbeitet er als Lehrer für Erziehungshilfe an der Schule für Erziehungshilfe des Lahn-Dill-Kreises (www.sfeh.de) und als Religionslehrer am Gymnasium Johanneum in Herborn (www.johanneum-herborn.de).

Im Rahmen seiner Beratungstätigkeit führt er Mediationsgespräche und Gewaltpräventionsprojekte durch und bildet auch Schüler zu Peer-Mediatoren aus.

E-Mail-Adresse: Cool-bleiben-statt-zuschlagen@gmx.de

12. Auflage 2022
© 2002 PERSEN Verlag, Hamburg

AAP Lehrerwelt GmbH
Veritaskai 3
21079 Hamburg
Telefon: +49 (0) 40325083-040
E-Mail: info@lehrerwelt.de
Geschäftsführung: Christian Glaser
USt-ID: DE 173 77 61 42
Register: AG Hamburg HRB/126335
Alle Rechte vorbehalten.

Das Werk als Ganzes sowie in seinen Teilen unterliegt dem deutschen Urheberrecht. Die Erwerbenden einer Einzellizenz des Werkes sind berechtigt, das Werk als Ganzes oder in seinen Teilen für den eigenen Gebrauch und den Einsatz im eigenen Präsenz- wie auch dem Distanzunterricht zu nutzen.
Produkte, die aufgrund ihres Bestimmungszweckes zur Vervielfältigung und Weitergabe zu Unterrichtszwecken gedacht sind (insbesondere Kopiervorlagen und Arbeitsblätter), dürfen zu Unterrichtszwecken vervielfältigt und weitergegeben werden.

Die Nutzung ist nur für den genannten Zweck gestattet, nicht jedoch für einen schulweiten Einsatz und Gebrauch, für die Weiterleitung an Dritte einschließlich weiterer Lehrkräfte, für die Veröffentlichung im Internet oder in (Schul-)Intranets oder einen weiteren kommerziellen Gebrauch.
Mit dem Kauf einer Schullizenz ist die Schule berechtigt, die Inhalte durch alle Lehrkräfte des Kollegiums der erwerbenden Schule sowie durch die Schülerinnen und Schüler der Schule und deren Eltern zu nutzen.

Nicht erlaubt ist die Weiterleitung der Inhalte an Lehrkräfte, Schülerinnen und Schüler, Eltern, andere Personen, soziale Netzwerke, Downloaddienste oder Ähnliches außerhalb der eigenen Schule.
Eine über den genannten Zweck hinausgehende Nutzung bedarf in jedem Fall der vorherigen schriftlichen Zustimmung des Verlags.
Sind Internetadressen in diesem Werk angegeben, wurden diese vom Verlag sorgfältig geprüft. Da wir auf die externen Seiten weder inhaltliche noch gestalterische Einflussmöglichkeiten haben, können wir nicht garantieren, dass die Inhalte zu einem späteren Zeitpunkt noch dieselben sind wie zum Zeitpunkt der Drucklegung. Der PERSEN Verlag übernimmt deshalb keine Gewähr für die Aktualität und den Inhalt dieser Internetseiten oder solcher, die mit ihnen verlinkt sind, und schließt jegliche Haftung aus.

Wir verwenden in unseren Werken eine genderneutrale Sprache. Wenn keine neutrale Formulierung möglich ist, nennen wir die weibliche und die männliche Form. In Fällen, in denen wir aufgrund einer besseren Lesbarkeit nur ein Geschlecht nennen können, achten wir darauf, den unterschiedlichen Geschlechtsidentitäten gleichermaßen gerecht zu werden.

Autorschaft:	Tilo Benner
Covergestaltung:	TSA&B Werbeagentur GmbH, Hamburg
Illustrationen:	Claudia Hauboldt
Satz:	MouseDesign Medien AG, Zeven
Druck und Bindung:	Korrekt Nyomdaipari Kft., Budapest

ISBN: 978-3-8344-3864-5
www.persen.de

Inhalt

TEIL I: KONZEPTION   Seite
Einführung   6
Zielsetzungen   8
Konzeptioneller Hintergrund   9
Zielgruppe   10
Zeitlicher Rahmen   10
Struktur einer Einheit   10
Bereiche der Bausteine   10
Angewandte Methoden   11
Didaktische und pädagogische Hinweise   11

TEIL II: EINHEITEN
Einheit 1 und 2   14
Einheit 3 und 4   15
Einheit 5 und 6   16
Einheit 7 und 8   17
Einheit 9 und 10   18
Einheit 11 und 12   19
Einheit 13 und 14   20
Einheit 15 und 16   21
Einheit 17   22
Alternative Bausteine   23

TEIL III: BAUSTEINE
Kennenlernen
1. Autogrammjäger   26
2. Namensball   27
3. Namensdecke   28
4. Steckbrief   29
5. Vorstellungsrunde – Vorstellung des Projekts   30

Kommunikation
6. Abschlussrunde   31
7. Beleidigungsskala   32
8. Gefühlsrunde   33
9. Gesprächsrunden   34
10. Laute Post   35
11. Radlager   36
12. Rückenzeichnen   37
13. Sag's mir   38
14. Standpunkte   39
15. Streit- und Versöhnungsdialoge   40
16. Zielscheibenschießen   41
17. Zuhören   42

Konfliktlösung
18. Ärgermitteilung   43
19. Eselstreit   44
20. Gassenspiel   45
21. Gewalt oder keine Gewalt?   46
22. Im Sog der Gewalt   47
23. Konfliktunterbrechung   48

Kooperation
24. Achtfüßlerstand   49
25. Blinde Schatzsuche   50
26. Eierfall   51
27. Elefantenjagd   52
28. Entknoten   53
29. Hindernisüberquerung   54
30. Hula-Hoop-Kreis   55
31. Kissenschlacht   56
32. Kniestuhlkreis   57
33. Luftball   58
34. Mikadodance   59
35. Seeüberquerung   60
36. Stadtrallye   61
37. Turmbau   62
38. Wackelturm   63
39. Zusammenrücken   64

Regeln
40. Putzlappenhockey ohne Regeln   65
41. Regelpost   66
42. Regelverabschiedung   67
43. Regelvorschläge   68

Selbsterfahrung
44. Augenduell   69
45. Begegnung mit Sicherheitsabstand   70
46. Der Weg zum Stuhl   71
47. Fantasiereise   72
48. Kletteraktion   73
49. Körperhaltungen und Gefühle   74
50. Spiegelbild   75
51. Theater der Gefühle   76
52. Vertrauensfall   77

Werte und Ziele
53. Was mir wichtig ist   78
54. Werteversteigerung   79
55. Wo ich hin will   80

Wertschätzung
56. Deine Fähigkeiten   81
57. Markt der Fähigkeiten   82
58. Meine Fähigkeiten   83
59. Verteilung der Urkunden   84

Sonstiges
60. Auswertung des Schulprojekts   85
61. Gruppenbildung   86
62. Musikstück   87
63. Putzlappenhockey   88
64. Zauberholzblock   89

TEIL IV: MATERIALIEN
M1 Logo/Projektposter   92
M2 Autogrammjäger   93
M3 Positive Eigenschaften   94
M4 Was ich gut kann   95
M5 Was du gut kannst   96
M6 Auswertung der Gruppenarbeit   97
M7 Die vier Seiten einer Nachricht   98
M8 Gefühlskarten   99
M9 Zielscheiben   101
M10 Streitdialog   102
M11 Versöhnungsdialog   103
M12 Gutes und schlechtes Zuhören   104
M13 Gewalt oder keine Gewalt?   105
M14 Situationskarten   106
M15 Gewalt   110
M16 Gewaltformen   111
M17 Im Sog der Gewalt   112
M18 Eselpuzzle   113
M19 Ärgermitteilung   114
M20 Freundliche Beschwerde   115
M21 Konfliktsituationen   116
M22 Werte   117
M23 Spielgeld   120
M24 Entscheidungsscheibe   125
M25 Träume   126
M26 Eigenschaften   127
M27 Statements   128
M28 Ziele   129
M29 Ziele erarbeiten   130
M30 Fantasiereise »Unter Wasser schwimmen«   131
M31 Auswertung des Projekts   134
M32 Urkunde   135
M33 Buttons   136
M34 Blankoseite   137

LITERATUR UND INTERNETADRESSEN   138

Im Gedenken
an meine Tochter
Finja Kristin
(geboren 28.1. – gestorben 28.10.2001)

Gewidmet
meinen Söhnen
Niklas und **Josiah**

Danke!

Ich möchte all denen danken, die das Projekt »Cool bleiben statt zuschlagen!« auf unterschiedliche Weise unterstützt haben:

- Olaf Kemper, dem ehemaligen Leiter der Sozialen Trainingskurse des Jugendwerkes Dill e.V., bei dem ich in pädagogischer Hinsicht viel lernen konnte

- Magrit Zeiser, der früheren Leiterin des ehemaligen ZeBraH, und Baldur Drolsbach, dem Schulleiter der Schule für Erziehungshilfe, die es mir ermöglicht haben, dieses Projekt zu entwickeln und an verschiedenen Schulen durchzuführen

- den Erziehungshilfelehrern Anne Roggenkamp, Hans Drangmeister und Wolfgang Thrun, die mir mit Rat und Tat zur Seite standen

- den Lehrern Jochen Horz, Elmar Stähler, Wolfgang Walter (†), Ulrich Freund, Andreas Potsch, Winfried Herr und Sabine Assmann, die sich dazu bereit erklärten, dieses Projekt gemeinsam mit mir in ihren Klassen durchzuführen

- den Schulleitungen der Johann-von-Nassau-Schule in Dillenburg, der Johann-Textor-Schule in Haiger, der Comenius-Schule und der Diesterweg-Schule in Herborn, die es mir erlaubten, dieses Projekt an ihren Schulen durchzuführen

- den Schülerinnen und Schülern, die an diesem Projekt teilgenommen haben und die mir durch ihre Mitarbeit, aber auch durch ihre Abwehr wertvolle Kritiker waren

- Kristina Poncin vom Persen Verlag und Birte Strampe

Teil I:
Konzeption

Einführung

Gewalt ist ein unübersehbares Phänomen im Alltag unserer Schulen geworden: Beschimpfungen, Beleidigungen, Handgreiflichkeiten und Schlägereien machen sich auf unseren Schulhöfen breit. Viele Kollegien fühlen sich angesichts dieser Gewalt hilflos und überfordert. In Gesprächen mit Lehrern[1] konnte ich immer wieder feststellen, dass sie zwar diese Problematik wahrnehmen, aber kaum Hilfen an der Hand haben, um dieser körperlichen und verbalen Gewalt adäquat zu begegnen. Aus dieser Not heraus ziehen sich viele Lehrer auf ihren Bildungsauftrag zurück und vernachlässigen den Erziehungsauftrag.

»Cool bleiben statt zuschlagen!« möchte Schülern der Sekundarstufe I mehr soziale Kompetenzen vermitteln, um damit kriminellen »Karrieren« präventiv zu begegnen. An verschiedenen Schulen entwickelt und praktisch erprobt, entstand das Projekt vor dem Hintergrund von Erfahrungen in den Sozialen Trainingskursen für straffällige Jugendliche des Lahn-Dill-Kreises. Bei den meisten Heranwachsenden zwischen 15 und 21 Jahren, die aufgrund von Gewalttaten gerichtlich dazu verurteilt worden sind, an einem Sozialen Trainingskurs des Lahn-Dill-Kreises teilzunehmen, ist zu beobachten, dass sie ...

- ... ein **geringes Selbstbewusstsein** haben und körperliche Gewalt dazu nutzen, ihr Selbstwertgefühl zu steigern.

   Fallbeispiel:
   Thomas[2] wurde während seiner Kindheit oft brutal von seinem Vater geschlagen. Er kam vor einigen Jahren als Spätaussiedler nach Deutschland und konnte wegen seiner Sprachschwierigkeiten und seines anderen kulturellen Hintergrundes nur sehr schwer Kontakt zu gleichaltrigen Deutschen finden. Wegen seiner schlechten schulischen Leistungen musste er auf eine Sonderschule wechseln. Seine Persönlichkeitsstruktur ist durch ein sehr unsicheres Auftreten geprägt, das sich z. B. darin zeigt, dass er den Augenkontakt mit anderen Personen meidet und ernsten Gesprächen – besonders über seine Person – ausweicht. Er übt auch keine sinnvolle Freizeitbeschäftigung wie z. B. Sport aus, durch die er ein positives Selbstwertgefühl aufbauen könnte. Um sich bei anderen Jugendlichen Anerkennung zu verschaffen, provoziert er immer wieder Schlägereien, bei denen er gnadenlos zuschlägt.

- ... einen sehr **geringen Emotionalen Quotienten (EQ)** aufweisen. Weil sie weder ihre eigenen Gefühle richtig wahrnehmen und benennen können noch die Gefühle anderer erkennen können, sind sie kaum dazu in der Lage, Empathie zu entwickeln.

   Fallbeispiel:
   Oliver steht auf einem Parkplatz und fühlt sich von den Blicken eines anderen Jugendlichen gestört. Er geht zu ihm und fragt ihn: »Warum schaust du mich so blöd an?« Dieser antwortet: »Was willst du denn? Ich kann doch machen, was ich will!« Oliver schlägt daraufhin mehrmals heftig mit der Faust auf den Kopf des anderen ein. Als sein Opfer seinen Motorradhelm schützend vor sich hält, um damit die Schläge abzuwehren, reißt Oliver ihm den Helm aus der Hand und schlägt nun damit auf ihn ein. Einige Personen, die dabeistehen, versuchen vergeblich, die beiden zu trennen. Zum Schluss tritt Oliver noch mit seinen Füßen auf sein Opfer ein.
   Bei einem Gespräch mit Oliver während des Sozialen Trainingskurses wird deutlich, dass er immer noch keinerlei Schuldgefühle für seine Tat empfindet und sich keines Unrechts bewusst ist. Er betont mehrmals, dass der andere ihn provoziert und er sich deshalb nur gewehrt habe. Zudem ist auffällig, dass es ihm sehr schwer fällt, sich in die Lage seines Opfers zu versetzen. Er zeigt keinerlei Mitleid mit ihm, obwohl sein Opfer schwere Verletzungen davongetragen hat.

- ... **egoistisch** handeln, **intolerant** sind und nur die eigenen Interessen im Blick haben, dagegen die anderen mit ihren Bedürfnisse und Rechten nicht wahrnehmen.

   Fallbeispiel:
   Maik sitzt mit drei Freunden an einem späten Abend in der Nähe eines Imbissladens. Als drei jüngere Jugendliche an ihnen vorbeikommen, um sich noch etwas zu essen zu holen, fühlen sich Maik und seine Freunde gestört, obwohl die Jugendlichen sich vollkommen normal und unauffällig verhalten. Maik fragt die drei: »Sagt mal, ist hier ein Kindergarten unterwegs, oder was?« Als der Älteste der Gefragten daraufhin entgegnet: »Was ist denn los?«, steht Maik auf, schlägt ihm mit der Faust ins Gesicht und tritt auf ihn ein. Anschließend schlagen Maik und seine Freunde gemeinsam auf die drei Jugendlichen ein. Diese erleiden zahlreiche Schürf- und Platzwunden im Gesicht und am restlichen Körper. Maik fühlt sich auch noch später im Recht und pocht darauf, dass die Jugendlichen nicht »seinen« Bürgersteig hätten benutzen dürfen.

- ... die Kommunikationsform der **Beleidigung und Beschimpfung** dazu gebrauchen, um ihren Ärger und ihre Aggression gegenüber Dritten zu kompensieren.

> **Fallbeispiel:**
>
> Alexander weist eine geringe Frustrationstoleranz auf. Er ist oft aggressiv und leicht zu provozieren. Wenn er sich von anderen gestört fühlt, attackiert er sie verbal mit Worten wie z. B.:
> - »Hast du ein Problem, Alter?«
> - »Was willst'n du, he?«
> - »Was guckst'n du?«
> - »Willst du mich anmachen?«
> - »Was ist denn los?«
>
> Wenn der andere sich auf Alexanders Provokationen einlässt, eskaliert das Gespräch ziemlich schnell über Beschimpfungen und Beleidigungen wie »Hurensohn« bis hin zu handgreiflichen Auseinandersetzungen.

- ... **Gewalt als Konfliktlösungsstrategie** nutzen, um kontroverse Auseinandersetzungen zu lösen.

> **Fallbeispiel:**
>
> Tim gehört der rechten Szene an. Er ist leicht reizbar und schlägt schnell zu. Durch seinen hohen Alkoholkonsum ist seine Gewaltbereitschaft in Konfliktsituationen zusätzlich erhöht. Wenn er z. B. in eine Disco oder auf die Kirmes geht und sich von anderen beobachtet fühlt oder den Eindruck hat, dass jemand Interesse an seiner Freundin hat, fühlt er sich angegriffen. Statt die Angelegenheit auf sich beruhen zu lassen oder auf verbale Art zu lösen, droht er dem anderen und greift ihn körperlich an. Nach eigenen Aussagen machen ihm Schlägereien Spaß und geben ihm den »richtigen Kick«.

- ... ein **ungeregeltes Leben** führen, d.h. ihren Tagesablauf nicht organisieren können und sich kaum an Regeln einer Schule bzw. einer Arbeitsstelle halten können.

> **Fallbeispiel:**
>
> Andreas macht immer das, wozu er gerade Lust hat. Fast jede Nacht besucht er Partys. Vormittags und nachmittags schläft er seinen Rausch aus. Zu Hause ist das Klima gestört, weil er sich nicht an die von seinen Eltern festgelegten Regeln hält: Er kommt und geht, wann er es für richtig hält. Er ist nicht zu den gemeinsamen Essenszeiten anwesend. Er nimmt sich einfach Geld von anderen Familienmitgliedern. Er beteiligt sich nicht an den Aufgaben, die unter den Familienmitgliedern verteilt werden. Wenn seine Eltern von ihm das Einhalten der Regeln fordern, kommt es hin und wieder dazu, dass er sie beschimpft und ihnen mit Gewalt droht. Vor Jahren wurde er wegen seines Fehlverhaltens von der Hauptschule verwiesen. Er kam in ein Heim, in dem es immer wieder zu Auseinandersetzungen mit den Erziehern kam, weil er sich nicht an die Heimregeln hielt. Ein Angebot der Berufsschule, den Hauptschulabschluss nachzuholen, scheitert schon in der ersten Woche, weil er nicht einmal zum Unterricht erscheint.

- ... oft **geringe Zukunftsperspektiven** haben, weil sie oft nur unrealistische Zielsetzungen oder gar keine Ziele für ihr (Berufs-)Leben besitzen.

> **Fallbeispiel:**
>
> Sergej bekam in schulischer Hinsicht wenig Unterstützung von seinen Eltern, sodass er kaum seine Hausaufgaben erledigte und sich selten auf Klassenarbeiten vorbereitete. Immer wieder erlebte er Misserfolge, sodass er mehrmals Jahrgangsstufen wiederholen musste. Als er zum zweiten Mal die siebte Klasse besuchte, war ihm klar, dass er an seiner Schule keinen Abschluss mehr erreichen konnte und er nach dem Schuljahr die Schule verlassen musste. Er sah für sich keine Perspektiven mehr, sodass er fortan immer wieder den Unterricht störte oder der Schule fernblieb. Zum nächsten Schuljahr wechselte er auf den besonderen Bildungsgang des Berufsvorbereitungsjahres (BVJ), wo er nur begrenzt Leistung zeigte. Auch hier scheiterte er kläglich. In einem Gespräch während des Sozialen Trainingskurses wurde deutlich, dass Sergej sich schon seit Jahren hinsichtlich seines schulischen oder beruflichen Werdegangs keine Ziele gesetzt oder verfolgt hatte. Auch auf die Frage, wie seine nächsten drei Jahre aussehen würden, reagierte er nur mit Schulterzucken. Ihm sei nur wichtig, Fun zu haben und irgendwann einen BMW zu besitzen.

---

[1] Zugunsten der Lesbarkeit ist in den Texten überwiegend von Lehrern und Schülern die Rede. Selbstverständlich sollen sich auch Lehrerinnen und Schülerinnen angesprochen fühlen.

[2] In den Fallbeispielen wurden alle Namen geändert.

Bei vielen Kindern und Jugendlichen, die strafrechtlich noch nicht auffällig geworden sind, sind diese Defizite bereits in Ansätzen oder auch schon in fortgeschrittenem Maß vorhanden. So sind z. B. Aggression und Gewalt als Mittel der Konfliktbewältigung unter Schülern weit verbreitet. Viele haben es nicht gelernt, angemessen mit Aggressionen umzugehen. Kinder und Jugendliche werden z. B. durch die Verherrlichung von Gewalt in Actionfilmen und Videospielen in Bezug auf ihre eigene Gewaltbereitschaft negativ beeinflusst. So hat der amerikanische Militärpsychologe Dave Grossman (1998) in Untersuchungen festgestellt, dass Gewalt verherrlichende Videospiele bzw. Gewaltfilme auf Kinder und Jugendliche die gleiche Wirkung haben wie die militärischen Ausbildungsmethoden zur Desensibilisierung und Konditionierung von Soldaten.

Erschwerend kommt im (Schul-)Alltag hinzu, dass Konflikte von erwachsenen Bezugspersonen (Lehrer, Eltern etc.) frühzeitig aus Angst vor möglichen Eskalationen unterbunden werden. Dadurch wird den Kindern und Jugendlichen die Möglichkeit genommen, einen adäquaten, positiven Umgang mit Aggressionen zu erlernen. Unterdrückte Aggressionen jedoch führen nicht selten zu der Art von Gewalt, die gerade verhindert werden soll.

Zielsetzungen

Das Projekt »Cool bleiben statt zuschlagen!« ist ein **ganzheitliches Konflikttraining**, das zum Ziel hat, gewaltsamen Auseinandersetzungen unter den Schüler vorzubeugen sowie die Persönlichkeit des einzelnen Schülers und die Klassengemeinschaft im Ganzen zu fördern. Es gilt, die für gewalttätige Straftäter charakteristischen Defizite schon präventiv in ihren Ansätzen zu bearbeiten und zu beseitigen:

Häufige Defizite bei straffälligen Jugendlichen	Hilfen und präventive Maßnahmen
wenig Selbstbewusstsein	Anerkennung – Wertschätzung
geringer EQ (emotionaler Quotient)	Wahrnehmung der eigenen Gefühle und der Gefühle anderer – Selbsterfahrung
egoistische Sichtweise und Intoleranz	gemeinsame Ziele – Kooperation
Beleidigung und Beschimpfung, um Ärger zu kompensieren	angemessene Kommunikationsformen – Kommunikation
Gewalt als Konfliktlösungsstrategie	Streitschlichtung – konstruktive Konfliktlösung
ungeregeltes Leben	Regeln
geringe Zukunftsperspektiven	Werte und Ziele – Lebensplanung

Um diese Defizite aufzufangen, sollen die Schüler in diesem Projekt …

- … **Wertschätzung** und Anerkennung erleben, um ihr Selbstbewusstsein zu fördern

- … **Selbsterfahrungen** machen, bei denen sie sich der eigenen Gefühle und der Gefühle anderer bewusst werden, um Empathie zu entwickeln

- … **Kooperation** einüben und sich ein gemeinsames Ziel stecken, um ihre egoistische Sichtweise bzw. ihr egoistisches Handeln abzulegen und um die Mitschüler mit ihren Stärken und Schwächen wahrzunehmen und zu akzeptieren

- … **Kommunikation**sformen kennenlernen, durch die sie ihren Ärger und ihre Aggression gegenüber dem Verursacher in einer adäquaten Form benennen können

- … konstruktive **Konfliktlösung**sstrategien sowie Streitschlichtungsmethoden erlernen, um Konflikte angemessen ohne Gewalt zu lösen

- **... Regeln** für das Miteinander in der Klasse entwickeln und gemeinsam einüben, um eine erfolgreiche Zusammenarbeit zu gewährleisten und die Chancen von gemeinsamen Regeln zu entdecken

- ... sich ihrer **Werte**vorstellung in der Weise bewusst werden, was ihnen in Bezug auf ihr(en) Leben(sstil) wichtig und von Bedeutung ist, sowie **Ziele** hinsichtlich ihrer Lebensplanung entwickeln, damit sie nicht in der Perspektivlosigkeit enden. Um das zu Wege zu bringen, müssen sie wissen, was sie in ihrem (beruflichen) Leben erreichen wollen, welche Schritte dazu nötig sind und welche Faktoren zu Rückschlägen führen könnten

Genauer verfolgt das Projekt die folgenden Zielsetzungen:

- Stärkung der Gruppenidentität und der Klassengemeinschaft
- Gemeinsames Erarbeiten von Grundregeln für ein gutes Miteinander in der Klasse
- Stärkung der Persönlichkeit und des Selbstwertgefühles der einzelnen Schüler
- Förderung der Toleranz gegenüber anderen
- Sensibilisierung in Bezug auf die eigenen Gefühle und die Gefühle anderer
- Förderung der sozialen Kompetenzen
- Förderung der Kommunikationsfähigkeit
- Stärkung der Fähigkeit zur Selbstreflexion
- Vermittlung von Methoden zur gewaltfreien Lösung von Konflikten
- Einübung von Praktiken zur Deeskalation und Vermeidung handgreiflicher Auseinandersetzungen
- Wahrnehmung der eigenen Werte und der Wertevorstellung anderer
- Entwicklung von Zielen für die individuelle Lebensplanung

Konzeptioneller Hintergrund

Das Projekt »Cool bleiben statt zuschlagen!« gründet auf der **lerntheoretisch orientierten Verhaltenstherapie**. Gewalttätiges und verbal-aggressives Verhalten ist demnach als Ergebnis eines Lernprozesses anzusehen, der durch Prägung der Beziehungspersonen (z. B. Eltern, Geschwister, Freunde usw.) und der Medien (z. B. durch Gewaltfilme, Gewaltvideospiele) entscheidend beeinflusst wird. Wenn dieses Verhalten erlernt wurde, dann ist auch davon auszugehen, dass das Problemverhalten durch neue Lernprozesse abgebaut oder zumindest verbessert werden kann. An dieser Stelle setzt das Projekt »Cool bleiben statt zuschlagen!« an. Den Schülern sollen Handlungsalternativen für Konfliktsituationen eingeprägt werden. Das Projekt versteht sich als Anstoß zu einem solchen neuen Lernprozess.

Die Inhalte des Projekts »Cool bleiben statt zuschlagen!« werden hauptsächlich auf der affektiven Ebene durch erlebnispädagogische und kooperative Übungen und Spiele vermittelt, die den Schülern individuelle Grenzerfahrungen ermöglichen und zugleich noch »Spaß« bereiten. Durch die **Verschränkung von kognitiven und affektiven Elementen** werden Lernprozesse angestoßen, die den Kindern und Jugendlichen helfen können, neue Erfahrungen im Umgang mit Konflikten zu machen. Diese Spiele und Übungen habe ich teilweise selbst entwickelt, zum Teil mit den beteiligten Lehrern. Weitere Anregungen fand ich in der Fachliteratur, besonders bei Jamie Walker sowie Rüdiger Gilsdorf und Günter Kistner.

Das Projekt »Cool bleiben statt zuschlagen!« darf aber nicht als Patentrezept verstanden werden, durch das alle Probleme und Schwierigkeiten beseitigt werden. Das Projekt selbst kann und darf nur als Anfang eines langfristigen Prozesses gesehen werden, der im normalen (Unterrichts-)Alltag immer wieder weitergeführt werden muss. Denn natürlich kann ein achtwöchiges Projekt nicht die jahrelange Fehlentwicklung eines Schülers vollkommen aufheben bzw. ausgleichen.

Zielgruppe

Das Projekt »Cool bleiben statt zuschlagen!« hat in erster Linie (Haupt-/Förder-)Schulklassen der Jahrgänge 5 bis 9 im Blick und eignet sich auch dazu, die Klassengemeinschaft in der Anfangsphase des Schuljahres zu stärken – gerade dort, wo Schüler aus verschiedenen Schulen oder Klassen zu einer neuen Klasse zusammengeführt werden.

Zeitlicher Rahmen

Das Projekt »Cool bleiben statt zuschlagen!« umfasst 17 Einheiten (1 Einheit = 90 min). Gute Erfahrungen wurden damit gemacht, wöchentlich eine oder zwei Einheiten durchzuführen. Man kann das Projekt in Teilen auch in einer Projektwoche verankern. Man sollte aber nicht das komplette Programm im Schnelllaufverfahren umsetzen, weil sich die Inhalte dann kaum »setzen« und zu schnell »verpuffen« können.

Struktur einer Einheit

Die einzelnen Einheiten sind in der Regel in vier Teile untergliedert:

1. **Gefühlsrunde**: Jeder Schüler hat in der kurzen Anfangsrunde die Möglichkeit, der Gruppe mitzuteilen, wie es ihm momentan geht. Die Gefühlsrunde ist ein gemeinsamer Anfangsritus des Projekts.
2. **Warm-up**: Ein kurzes Spiel als Warm-up erleichtert es den Schülern, im Projekt anzukommen und sich auf die weiteren Inhalte der Einheit einzustellen.
3. **Interaktion**: Die Interaktion bildet in der Regel den Hauptteil einer Einheit. Durch Spiele und Übungen werden in dieser Phase die wesentlichen Inhalte der Einheit vermittelt und eingeübt.
4. **Abschlussrunde**: In der Abschlussrunde haben die Schüler die Möglichkeit, die zurückliegende Einheit zu reflektieren sowie ihre Meinungen und Empfindungen zu äußern.

Bereiche der Bausteine

- **Kennenlernen**: seine Mitschüler und deren Unterschiedlichkeit wahrnehmen
- **Regeln**: den Sinn von Regeln erarbeiten und Regeln für das Miteinander erstellen
- **Wertschätzung**: Stärken und Fähigkeiten entdecken, bestätigen und würdigen
- **Kooperation**: Zusammenarbeit einüben und Zusammengehörigkeitsgefühl stärken
- **Kommunikation**: Wirkung von Sprache erkennen sowie persönliche Verletzungen in angemessener, deeskalierender Weise anderen mitteilen
- **Selbsterfahrung**: Gefühle und Körpersprache wahrnehmen

- **Konfliktlösung:** Gewaltsame Konflikte vermeiden und überwinden sowie Übereinstimmung suchen und finden
- **Werte und Ziele:** Werte erkennen; Schritte entwickeln, um ein individuelles Ziel zu erreichen

Angewandte Methoden

- Einzel-, Partner- bzw. Gruppenarbeit
- verschiedene Gesprächsformen
- Spiele und Übungen:

  - Aufwärmspiel
  - Auktion
  - Bewegungsspiel
  - Darstellspiel
  - Einschätzspiel
  - Fantasiespiel
  - Individualspiel
  - Kennenlernspiel
  - Kommunikationsspiel
  - Konzentrationsspiel
  - Kooperationsspiel
  - Koordinationsspiel
  - Meditation
  - Rollenspiel
  - Selbsterfahrungsspiel
  - Sensibilisierungsspiel
  - Sortierspiel
  - Vertrauensspiel
  - Wahrnehmungsspiel
  - Wettkampfspiel

Didaktisch-pädagogische Hinweise

Bei der Umsetzung des Projekts »Cool bleiben statt zuschlagen!« sollten folgende didaktische und pädagogische Überlegungen beachtet werden:

- **Umsetzung der Übungen und Spiele:** Der Lehrer sollte keine Übungen oder Spiele mit den Schülern durchführen, die er vorher noch nicht selbst ausprobiert hat. Dies gilt in besonderer Weise für die Spiele, bei denen Menschen zu Schaden kommen können (z. B. Vertrauensfall), wenn man sie nicht gewissenhaft vorbereitet und durchführt. Zudem ist es wichtig, dass der Lehrer sich über die Gefühle (z. B. Unsicherheit), die bei den einzelnen Übungen hervorgerufen werden, bewusst ist und sie selbst erlebt, um sich in Reaktionen oder Reflexionen der Schüler hineinversetzen zu können.

- **Altersgrenze:** Die Einheiten 11 »Formen der Gewalt«, 12 »Gewaltdynamik« und 16 »Ziele« sind nicht für die Unterstufe geeignet.

- **Transparenz:** Der Lehrer sollte den Schülern mitteilen, was sie in den einzelnen Bausteinen erwartet. Transparenz über die Elemente des Projektes fördert das Vertrauen der Schüler zum Projekt selbst und zum Lehrer.

- **Freiwilligkeit:** Kein Schüler sollte zu etwas gezwungen werden, was er nicht will. Jeder entscheidet selbst, worauf er sich einlässt. Der Lehrer kann aber versuchen, die Schüler dazu zu motivieren, sich auf die Übung oder das Spiel einzulassen.

- **Verzicht auf Bewertung:** Die Bausteine sind dazu da, gemeinsam oder einzeln etwas auszuprobieren. Es geht hier nicht um Richtig oder Falsch. Deshalb sollte man nicht die Umsetzung der Aufgaben bewerten, sondern immer das Positive herausstellen und würdigen. Man sollte auch nicht Sieger und Verlierer bestimmen. Falls etwas nicht so gut verlaufen ist (z. B. eine Gruppenarbeit), sollte man gemeinsam mit den Schüler überlegen, wo die Schwierigkeiten lagen und was die Gruppe in Zukunft anders machen möchte. Der Verzicht auf (negative) Bewertung ist eine Grundvoraussetzung dafür, dass die Schüler motiviert und mit Freude an diesem Projekt teilnehmen können.

- **Spaßfaktor**: Das Projekt soll den Schülern und dem Lehrer Spaß bereiten. Wenn die Schüler mit Spaß und Freude bei der Sache sind, werden sie auch motiviert sein, sich einzubringen und sich auf neue Bausteine einzulassen. Aus diesem Grund ist der Großteil der Bausteine spielerisch angelegt. Lachen entspannt die Atmosphäre und setzt neue Energien frei.

- **Geschützter Raum**: Persönliches soll vertraulich behandelt werden, damit die Schüler Neues ausprobieren und über ihre Gefühle wie Ängste oder Unsicherheiten sprechen können. Der Lehrer sollte darauf hinweisen, dass z. B. persönliche Erlebnisse oder Gefühle, von denen die Schüler in den Gesprächsrunden berichten, nicht nach außen weitergegeben werden. Am besten ist es, wenn alle Schüler sich diese »Schweigepflicht« selbst auferlegen.

- **Gemeinsamer Lernprozess**: In diesem Projekt geht es nicht darum, dass der Lehrer nur der Lehrende und die Schüler die Lernenden bzw. die Zielgruppe sind. Beide Seiten begeben sich auf einen gemeinsamen Weg, bei dem es nicht um die Vermittlung von Dogmen oder Patentrezepten geht, sondern darum, gemeinsam nach Lösungen für Konfliktsituationen zu suchen. Lehrer und Schüler sind an diesem Prozess beteiligt. Dies eröffnet neue Möglichkeiten und Chancen für das Verhältnis zwischen Klassenlehrer und Schülern. Alte Verhaltensmuster, die die Beziehung des Lehrers zu einzelnen Schülern belasten, können reflektiert, überprüft und abgelegt werden. Auch Lehrer haben oft einen Anteil daran, dass es im Unterricht zu Störverhalten seitens der Schüler kommt.

- **Umgang mit Konflikten**: Konflikte zwischen Schülern sollten nicht vorschnell durch den Lehrer unterbunden werden. Natürlich muss der Lehrer eingreifen, bevor es zu Tätlichkeiten kommt. Streitigkeiten, die offen in der Klasse ausgetragen werden, bieten aber eine gute Möglichkeit, gemeinsam mit der Gruppe gewaltfreie Konfliktlösungsstrategien zu entwickeln und umzusetzen. Die Lerngruppe kann die Ursachen des Konfliktes reflektieren, nach alternativen Lösungen suchen und mit den Konfliktgegnern überlegen, wie sie in Zukunft ihr Problem lösen bzw. miteinander umgehen können. Die Konfliktgegner müssen die Möglichkeit haben, ihre Sichtweise und ihre Gefühle in Bezug auf den Streit zu äußern.

- **Teamteaching**: Idealerweise sollte das Projekt von einem Team unter Einbeziehung des Klassenlehrers durchgeführt werden. Der Vorteil eines Teams liegt darin, dass ein Teamer das Unterrichtsgeschehen und das zwischenmenschliche Miteinander beobachten kann, während der andere federführend einen Baustein mit der Klasse umsetzt. In anschließenden Teamgesprächen kann dann die eigene Rolle als Unterrichtender und das eigene Verhalten im Unterricht reflektiert werden. Solche Gespräche sind natürlich zunächst mit Hemmungen verbunden, doch werden alle von solchen Reflexionen profitieren. Für die Einbeziehung des Klassenlehrers spricht auch, dass er den Prozess, der durch das Projekt angestoßen wird, in seinem normalen Unterricht weiterführen bzw. Elemente und Lerninhalte kontinuierlich mit den Schülern einüben und anwenden kann.

- **Kooperationsspiele**: Eine weitere Auswahl an Übungen zur Teambildung finden Sie auch in meinem Buch »Cool bleiben statt zuschlagen! Bausteine zur Ausbildung von Schülermediatoren, 8.–10. Klasse«.

Teil II: Einheiten

	Inhalte
Einheit 1	Projektvorstellung Kennenlernen Sinn und Erarbeitung von Regeln
Einheit 2	Kennenlernen Festlegen der Klassenregeln für das Projekt
Einheit 3	Entdecken der eigenen Fähigkeiten
Einheit 4	Kooperation Nonverbale Kommunikation
Einheit 5	Kooperation
Einheit 6	Nonverbale Kommunikation Erleben unterschiedlicher Gefühle
Einheit 7	Nonverbale Kommunikation Beleidigungen
Einheit 8	Gefühle bei Beleidigungen Kommunikation in Konfliktsituationen
Einheit 9	Aktives Zuhören
Einheit 10	Kooperation Vertrauen
Einheit 11	Formen der Gewalt
Einheit 12	Gewaltdynamik
Einheit 13	Vermeidung gewaltsamer Konflikte Unterbrechung von Schlägereien
Einheit 14	Konfliktlösung
Einheit 15	Werte
Einheit 16	Ziele
Einheit 17	Abschlusssitzung
Alternative Bausteine	

Einheit 1

Thema: Projektvorstellung, Kennenlernen, Sinn und Erarbeitung von Regeln

Ziele: Die Teilnehmer sollen den Sinn und die Inhalte des Projekts sowie sich gegenseitig kennenlernen, den Sinn von Regeln erfassen und Verhaltensregeln für das Projekt erarbeiten.

Zeit	Baustein	Sozialform/Methode	Bereich	Nr.
0	**Gefühlsrunde** Vorstellungsrunde mit Gefühlsrunde	Gesprächskreis	Kennenlernen/ Kommunikation	5 8
10	**Warm-up** Autogrammjäger	Kennenlernspiel	Kennenlernen	1
25	**Interaktion** Namensball	Kennenlern-/Koordinationsspiel	Kennenlernen	2
45	Putzlappenhockey ohne Regeln	Wettkampfspiel	Regeln	40
65	Regelvorschläge	Gesprächskreis, Gruppenarbeit, Unterrichtsgespräch	Regeln	43
85	**Abschlussrunde**	Gesprächskreis	Kommunikation	6

Einheit 2

Thema: Kennenlernen, Festlegen der Klassenregeln für das Projekt

Ziele: Die Teilnehmer sollen sich gegenseitig mit Namen kennen und gemeinsam Verhaltensregeln für das Projekt festlegen.

Zeit	Baustein	Sozialform/Methode	Bereich	Nr.
0	**Gefühlsrunde**	Gesprächskreis	Kommunikation	8
5	**Warm-up** Namensball	Kennenlernspiel/ Koordinationsspiel	Kennenlernen	2
15	**Interaktion** Regelverabschiedung (Teil 1)	Diskussion	Regeln	42
35	Putzlappenhockey	Wettkampfspiel	Sonstiges	63
65	Regelverabschiedung (Teil 2)	Diskussion	Regeln	42
80	**Abschlussrunde**	Gesprächskreis	Kommunikation	6

Einheit 3

Thema: Entdecken der eigenen Fähigkeiten

Ziele: Die Teilnehmer sollen sich eigener Fähigkeiten bewusst werden, um dadurch ihr Selbstwertgefühl zu stärken. Sie sollen erkennen, dass die Gruppenmitglieder unterschiedliche Fähigkeiten und Charaktereigenschaften haben.

Zeit	Baustein	Sozialform/Methode	Bereich	Nr.
0	**Gefühlsrunde**	Gesprächskreis	Kommunikation	8
5	**Warm-up** Regelpost	Kommunikationsspiel	Regeln	41
15	**Interaktion** Markt der Fähigkeiten	Individualspiele	Wertschätzung	57
50	Meine Fähigkeiten	Einzelarbeit	Wertschätzung	58
60	Deine Fähigkeiten	Einzelarbeit, Partnerarbeit	Wertschätzung	56
80	**Abschlussrunde**	Gesprächskreis	Kommunikation	6

Einheit 4

Thema: Kooperation, nonverbale Kommunikation

Ziele: Die Teilnehmer sollen Zusammenarbeit einüben und ihre Unterschiedlichkeit bezüglich ihrer Fähigkeiten erkennen. Sie sollen lernen, die verschiedenen Fähigkeiten der Gruppenmitglieder zur gemeinsamen Lösung einer Aufgabe zu nutzen, aufeinander zu achten und sich aufeinander einzulassen. Sie sollen sich der Schwierigkeiten zwischenmenschlicher Kommunikation bewusst werden.

Zeit	Baustein	Sozialform/Methode	Bereich	Nr.
0	**Gefühlsrunde**	Gesprächskreis	Kommunikation	8
5	**Warm-up** Turmbau	Kooperationsspiel in 4er-/6er-Gruppen	Kooperation	37
60	**Interaktion** Rückenzeichnen	Sensibilisierungsspiel/ Wahrnehmungsspiel, Unterrichtsgespräch	Kommunikation	12
80	**Abschlussrunde**	Gesprächskreis	Kommunikation	6

Einheit 5

Thema: Kooperation

Ziele: Die Teilnehmer sollen Zusammenarbeit einüben und ihre Unterschiedlichkeit bezüglich ihrer Fähigkeiten erkennen. Sie sollen lernen, die verschiedenen Fähigkeiten der Gruppenmitglieder zur gemeinsamen Lösung einer Aufgabe zu nutzen.

Zeit	Baustein	Sozialform/Methode	Bereich	Nr.
0	**Gefühlsrunde**	Gesprächskreis	Kommunikation	8
5	**Warm-up** Hula-Hoop-Kreis	Bewegungsspiel/ Kooperationsspiel	Kooperation	30
15	**Interaktion** Eierfall	Kooperationsspiel in 4er-/6er-Gruppen	Kooperation	26
80	**Abschlussrunde**	Gesprächskreis	Kommunikation	6

Einheit 6

Thema: Nonverbale Kommunikation, Erleben unterschiedlicher Gefühle

Ziele: Die Teilnehmer sollen ihre eigenen Gefühle benennen können, Schwäche erleben, zu ihrer Schwäche stehen können sowie Körpersprache und Gefühle wahrnehmen.

Zeit	Baustein	Sozialform/Methode	Bereich	Nr.
0	**Gefühlsrunde**	Gesprächskreis	Kommunikation	8
5	**Warm-up** Der Weg zum Stuhl	Konzentrationsspiel/ Selbsterfahrungsspiel/ Sensibilisierungsspiel	Selbsterfahrung	46
30	**Interaktion** Begegnung mit Sicherheitsabstand	Sensibilisierungsspiel/ Wahrnehmungsspiel	Selbsterfahrung	45
50	Theater der Gefühle	Darstellspiel/ Sensibilisierungsspiel/ Wahrnehmungsspiel	Selbsterfahrung	51
80	**Abschlussrunde**	Gesprächskreis	Kommunikation	6

Einheit 7

Thema: Nonverbale Kommunikation, Beleidigungen

Ziele: Die Teilnehmer sollen sich der Botschaft von Körperhaltungen, der eigenen Gefühle bei Lob oder Beleidigung und der Reizworte bewusst werden, die sie persönlich treffen und beleidigen. Sie sollen erlebte Gefühle benennen können sowie gegenseitige Beleidigungen reduzieren.

Zeit	Baustein	Sozialform/Methode	Bereich	Nr.
0	**Gefühlsrunde**	Gesprächskreis	Kommunikation	8
5	**Warm-up** Achtfüßlerstand	Kooperationsspiel	Kooperation	24
15	**Interaktion** Körperhaltungen und Gefühle	Sensibilisierungsspiel/ Wahrnehmungsspiel	Selbsterfahrung	49
45	Sag's mir	Kommunikationsspiel	Kommunikation	13
55	Beleidigungsskala	Einzelarbeit, Unterrichtsgespräch	Kommunikation	7
80	**Abschlussrunde**	Gesprächskreis	Kommunikation	6

Einheit 8

Thema: Gefühle bei Beleidigungen, Kommunikation in Konfliktsituationen

Ziele: Die Teilnehmer sollen sich der durch Schimpfwörter und Beleidigungen ausgelösten Gefühle und deren Intensität bewusst werden sowie mögliche Gegenreaktionen auf Beleidigungen und Schimpfwörter thematisieren. Sie sollen die Ursachen für Streit und Versöhnung erarbeiten und versöhnliche Gesprächsführung einüben.

Zeit	Baustein	Sozialform/Methode	Bereich	Nr.
0	**Gefühlsrunde**	Gesprächskreis	Kommunikation	8
5	**Warm-up** Zauberholzblock	Darstellspiel/Fantasiespiel/ Wahrnehmungsspiel	Sonstiges	64
15	**Interaktion** Zielscheibenschießen	Sensibilisierungsspiel, Unterrichtsgespräch	Kommunikation	16
40	Streit- und Versöhnungsdialoge	Anspiel, Partnerarbeit, Rollenspiele, Unterrichtsgespräch	Kommunikation	15
80	**Abschlussrunde**	Gesprächskreis	Kommunikation	6

Einheit 9

Thema: Aktives Zuhören

Ziele: Die Teilnehmer sollen sich mit dem Begriff »Zuhören« auseinandersetzen, Merkmale von gutem und schlechtem Zuhören erarbeiten, sich der Gefühle bei gutem sowie schlechtem Zuhören bewusst werden und gutes Zuhören einüben.

Zeit	Baustein	Sozialform/Methode	Bereich	Nr.
0	**Gefühlsrunde**	Gesprächskreis	Kommunikation	8
5	**Warm-up** Augenduell	Konzentrationsspiel/ Sensibilisierungsspiel/ Wettkampfspiel	Selbsterfahrung	44
20	**Interaktion** Zuhören	Partnerarbeit, Unterrichtsgespräch	Kommunikation	17
55	Spiegelbild	Selbsterfahrungsspiel/ Wahrnehmungsspiel	Selbsterfahrung	50
65	Radlager	Kommunikationsspiel	Kommunikation	11
80	**Abschlussrunde**	Gesprächskreis	Kommunikation	6

Einheit 10

Thema: Kooperation, Vertrauen

Ziele: Die Teilnehmer sollen Zusammenarbeit einüben, ihr Zusammengehörigkeitsgefühl stärken, andere wahrnehmen, auf andere achten, Vertrauen erleben, Regeln für ein gewaltfreies Spielen entwickeln sowie Ursachen für Gewalt ergründen.

Zeit	Baustein	Sozialform/Methode	Bereich	Nr.
0	**Gefühlsrunde**	Gesprächskreis	Kommunikation	8
5	**Warm-up** Luftball	Bewegungsspiel/ Kooperationsspiel	Kooperation	33
10	**Interaktion** Seeüberquerung	Kooperationsspiel	Kooperation	35
30	Hindernisüberquerung	Kooperationsspiel/ Vertrauensspiel	Kooperation	29
45	Elefantenjagd	Kooperationsspiel/ Wettkampfspiel	Kooperation	27
80	**Abschlussrunde**	Gesprächskreis	Kommunikation	6

Einheit 11

Thema: Formen der Gewalt

Ziele: Die Teilnehmer sollen sich mit Gewalt auseinandersetzen, die Intensität von Gewalt einschätzen, für die Opfer von Gewalt sensibilisiert werden und verschiedene Formen von Gewalt unterscheiden können.

Zeit	Baustein	Sozialform/Methode	Bereich	Nr.
0	**Gefühlsrunde**	Gesprächskreis	Kommunikation	8
5	**Warm-up** Wackelturm	Kooperationsspiel/ Koordinationsspiel	Kooperation	38
30	**Interaktion** Gewalt oder keine Gewalt?	Sortierspiel/Einschätzspiel/ Sensibilisierungsspiel, Gesprächskreis, Diskussion	Konfliktlösung	21
85	**Abschlussrunde**	Gesprächskreis	Kommunikation	6

Einheit 12

Thema: Gewaltdynamik

Ziele: Die Teilnehmer sollen sich der Eigendynamik von Gewalt bewusst und für Rückzugsmöglichkeiten aus dem Sog der Gewalt sensibilisiert werden.

Zeit	Baustein	Sozialform/Methode	Bereich	Nr.
0	**Gefühlsrunde**	Gesprächskreis	Kommunikation	8
5	**Warm-up** Kissenschlacht	Kooperationsspiel/ Wettkampfspiel	Kooperation	31
10	**Interaktion** Im Sog der Gewalt	Rollenspiel/Videoanalyse, Gesprächskreis	Konfliktlösung	22
85	**Abschlussrunde**	Gesprächskreis	Kommunikation	6

Einheit 13

Thema: Vermeidung gewaltsamer Konflikte, Unterbrechung von Schlägereien

Ziele: Die Teilnehmer sollen lernen, gewaltsame Konflikte zu vermeiden sowie körperliche Auseinandersetzungen (z. B. Schlägereien) zu stoppen.

Zeit	Baustein	Sozialform/Methode	Bereich	Nr.
0	**Gefühlsrunde**	Gesprächskreis	Kommunikation	8
5	**Warm-up** Zusammenrücken	Kooperationsspiel	Kooperation	39
15	**Interaktion** Gassenspiel	Selbsterfahrungsspiel/ Wahrnehmungsspiel, Unterrichtsgespräch	Konfliktlösung	20
45	Konfliktunterbrechung	Selbsterfahrungsspiel/ Wahrnehmungsspiel, Unterrichtsgespräch	Konfliktlösung	23
80	**Abschlussrunde**	Gesprächskreis	Kommunikation	6

Einheit 14

Thema: Konfliktlösung

Ziele: Die Teilnehmer sollen sich bewusst werden, dass Kooperation mehr Vorteile mit sich bringt als Konkurrenzverhalten sowie die Kommunikationsform der freundlichen Beschwerde kennenlernen.

Zeit	Baustein	Sozialform/Methode	Bereich	Nr.
0	**Gefühlsrunde**	Gesprächskreis	Kommunikation	8
5	**Warm-up** Eselstreit	Kooperationsspiel/ Wettkampfspiel, Unterrichtsgespräch	Konfliktlösung	19
40	**Interaktion** Ärgermitteilung	Unterrichtsgespräch, Partnerarbeit, Rollenspiele	Konfliktlösung	18
85	**Abschlussrunde**	Gesprächskreis	Kommunikation	6

Einheit 15

Thema: Werte

Ziele: Die Teilnehmer sollen sich bewusst werden, welche Werte ihnen wichtig bzw. unwichtig sind, und sich diesbezüglich gegenseitig besser einschätzen lernen.

Zeit	Baustein	Sozialform/Methode	Bereich	Nr.
0	**Gefühlsrunde**	Gesprächskreis	Kommunikation	8
5	**Warm-up** Werteversteigerung	Kommunikationsspiel/ Auktion/Wettkampfspiel	Werte und Ziele	54
40	**Interaktion** Was mir wichtig ist	Einschätzspiel/ Kennenlernspiel/ Wettkampfspiel	Werte und Ziele	53
80	**Abschlussrunde**	Gesprächskreis	Kommunikation	6

Einheit 16

Thema: Ziele

Ziele: Die Teilnehmer sollen die Bedeutung von Zielen für die Lebensplanung erkennen, die Kriterien für ein individuelles Ziel kennenlernen und eigene Zielsetzungen für ihr (Berufs-)Leben entwickeln.

Zeit	Baustein	Sozialform/Methode	Bereich	Nr.
0	**Gefühlsrunde**	Gesprächskreis	Kommunikation	8
5	**Warm-up** Entknoten	Kooperationsspiel	Kooperation	28
15	**Interaktion** Wo ich hin will	Unterrichtsgespräch, Einzel- bzw. Partnerarbeit	Werte und Ziele	55
80	**Abschlussrunde**	Gesprächskreis	Kommunikation	6

Einheit 17

Thema: Abschlusssitzung

Ziele: Die Teilnehmer sollen kurz die Inhalte des Projektes wiederholen, das gesamte Projekt auswerten und für ihre Teilnahme gewürdigt werden.

Tipp: Empfehlenswert ist es, nach dieser Sitzung ein Abschlussfest zu feiern. Eine meiner Klassen hatte z. B. Pizza bestellt und anschließend einige Spiele gespielt. Es ist aber auch möglich, miteinander zu kochen oder die »Lieblingsbausteine« der Schüler nochmals durchzuführen.

Zeit	Baustein	Sozialform/Methode	Bereich	Nr.
0	**Gefühlsrunde**	Gesprächskreis	Kommunikation	8
5	**Warm-up** Mikadodance	Kooperationsspiel/ Koordinationsspiel	Kooperation	34
20	**Interaktion** Fantasiereise	Meditation/Selbsterfahrungsspiel/Fantasiespiel	Selbsterfahrung	47
50	Auswertung des Schulprojekts	Einzelarbeit, Statement	Sonstiges	60
75	Verteilung der Urkunden	Plenum	Wertschätzung	59

Alternative Bausteine

Baustein	Bereich	Sozialform / Methode	Dauer	Nr.
Namensdecke	Kennenlernen	Kennenlernspiel	10–20 min	3
Steckbrief	Kennenlernen	Kennenlernspiel	45–60 min	4
Gesprächsrunden	Kommunikation	Gesprächskreise	20–45 min	9
Laute Post	Kommunikation	Kommunikationsspiel	5–10 min	10
Standpunkte	Kommunikation	Kommunikationsspiel/ Wahrnehmungsspiel, Unterrichtsgespräch	10–20 min	14
Blinde Schatzsuche	Kooperation	Kooperationsspiel/ Koordinationsspiel/ Selbsterfahrungsspiel/ Vertrauensspiel	50–75 min	25
Kniestuhlkreis	Kooperation	Kooperationsspiel	5–15 min	32
Stadtrallye	Kooperation	Kooperationsspiel/ Wettkampfspiel	90 min	36
Kletteraktion	Selbsterfahrung	Kooperationsübung/ Selbsterfahrungsübung	mehrere Stunden bis 1 Tag	48
Vertrauensfall	Selbsterfahrung	Kooperationsübung/ Vertrauensübung	15–25 min	52
Musikstück	Sonstiges	Anfangsritual/Meditation	3–5 min	62

Teil III:
Bausteine

Übersicht über die einzelnen Bereiche

- Kennenlernen (Nr. 1–5)
- Kommunikation (Nr. 6–17)
- Konfliktlösung (Nr. 18–23)
- Kooperation (Nr. 24–39)
- Regeln (Nr. 40–43)
- Selbsterfahrung (Nr. 44–52)
- Werte und Ziele (Nr. 53–55)
- Wertschätzung (Nr. 56–59)
- Sonstiges (Nr. 60–64)

Die Bausteine sind durchnummeriert und innerhalb der Bereiche alphabetisch geordnet.

1 Autogrammjäger

Baustein

Kennenlernen

Typ	Kennenlernspiel
Ort	Drinnen
Dauer	10 bis 20 min
Altersstufe	Ab 10 Jahre
Teilnehmerzahl	14 bis 30
Ziele	Sich kennenlernen, einander wahrnehmen
Material	Kopien »Autogrammjäger« (M2), Stifte

Vorbereitung: Jeder Schüler erhält die Kopie »Autogrammjäger«.

Aufgabenstellung: Die Schüler sollen jeweils eine Person suchen, die einer der Aussagen auf dem Arbeitsblatt zustimmt, und sich die Zustimmung durch eine Unterschrift bestätigen lassen. Auf einem Autogrammzettel darf jede Person nur einmal unterschreiben! Das Spiel ist dann zu Ende, wenn jeder Schüler zehn verschiedene Unterschriften auf seiner Autogrammkarte gesammelt hat.

Anschließend kann im Gesprächskreis kurz darüber gesprochen werden, auf wen die jeweilige Aussage zutrifft.

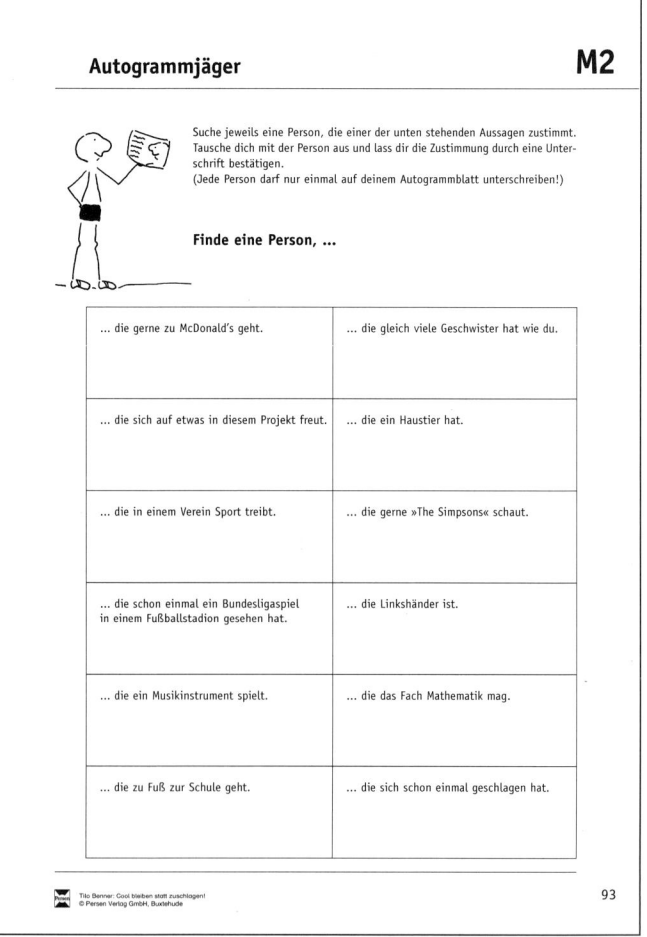

Namensball

2

Baustein

Kennenlernen

Typ	Kennenlernspiel, Koordinationsspiel
Ort	Größerer Raum, draußen
Dauer	15 bis 25 min
Altersstufe	Ab 10 Jahre
Teilnehmerzahl	10 bis 25 (bei größeren Gruppen teilen!)
Ziele	Sich gegenseitig kennenlernen, Selbstwertgefühl stärken
Material	1 Tennisball, Stoppuhr, Blatt »Positive Eigenschaften« (M3)

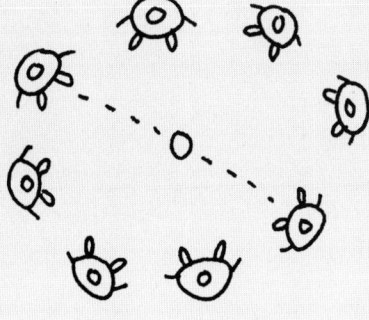

Phase 1 (5 min): Die Jugendlichen sollen in Kleingruppen (4–5 pro Gruppe) positive Eigenschaften suchen, die jeweils mit dem Anfangsbuchstaben ihrer Vornamen beginnen (z. B. Thomas – toll, turbostark etc.). Jeder Jugendliche wählt für sich eine positive Eigenschaft aus, die zu ihm passt. Der Lehrer kann, wenn nötig, den Kleingruppen helfen, ebenso das Blatt »Positive Eigenschaften« (M3).

Phase 2: Die Jugendlichen stellen sich im Kreis auf. Der Lehrer hat einen Tennisball in der Hand, stellt sich vor (z. B. »Ich bin der schlaue Sascha.«) und wirft den Ball zu einem anderen. Dieser fängt den Ball, wiederholt die Vorstellung des Zuwerfers (»Du bist der schlaue Sascha.«), stellt sich anschließend selbst vor (z. B. »Und ich bin die feinfühlige Franziska.«) und wirft dann den Ball zu einem weiteren Mitspieler. Dieser wiederholt nur die Vorstellung seines Zuwerfers und verfährt dann weiter wie oben angegeben.

Der Tennisball »wandert« solange durch die Gruppe, bis alle einmal (!) an der Reihe waren und der Ball wieder am Ausgangspunkt ankommt. Wichtig ist, dass jeder sich die Person merkt, zu der er geworfen hatte, denn in der zweiten Runde muss der Ball in der gleichen Reihenfolge durch die Gruppe »wandern«.

In der zweiten Runde wird nun die Durchgangszeit des Tennisballes gestoppt. In weiteren Runden kann die Gruppe versuchen, die Durchgangszeit von Runde zu Runde zu verringern.

Hinweis: Negative oder sexistisch gefärbte Eigenschaften sollten nicht zugelassen werden.

3 Namensdecke

Baustein — Kennenlernen

Typ	Kennenlernspiel
Ort	Drinnen, draußen
Dauer	10 bis 20 min
Altersstufe	Ab 8 Jahre
Teilnehmerzahl	11 bis 25 (bei größeren Gruppen teilen)
Ziele	Sich kennenlernen, einander wahrnehmen
Material	Große Decke oder großes Tuch

Die Klasse wird in zwei Hälften aufgeteilt. Der Lehrer und ein Schüler halten eine große Decke hoch. Auf beiden Seiten des Tuches nehmen die Schüler einer Gruppe mit Abstand so Platz, dass sich die beiden Gruppen nicht sehen.

Jede Gruppe sucht nun nonverbal einen Schüler aus, der sich mit dem Gesicht zur Decke hinsetzt.

Auf ein vereinbartes Zeichen fällt die Decke und die beiden Spieler müssen so schnell wie möglich den Namen ihres Gegenübers nennen. Der »Verlierer« wechselt in die Gegenmannschaft.

In weiteren Runden nehmen weitere Schüler vor der Decke Platz.

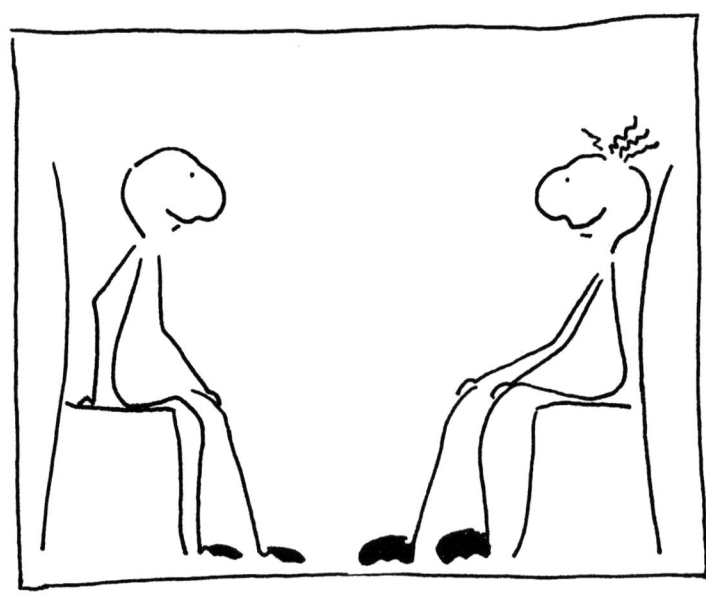

Steckbrief

4

Baustein

Kennenlernen

Typ	Kennenlernspiel
Ort	Drinnen
Dauer	45 bis 60 min
Altersstufe	Ab 10 Jahre
Teilnehmerzahl	10 bis 30
Ziele	Sich kennenlernen, sich wahrnehmen
Material	DIN-A6-Zettel, Stifte

Jeder Schüler gestaltet zunächst auf einem DIN-A6-Blatt seinen eigenen Steckbrief. Anhand dessen sollen ihn die anderen Gruppenmitglieder hinterher erkennen und kennenlernen. Dazu schreibt bzw. zeichnet er folgende Informationen auf einen Zettel:

1. Passbild (selbst gemalt)
2. Lieblingsessen
3. Hobbys
4. Lieblingsfächer in der Schule
5. Lieblingskleidung
6. Besondere Fähigkeiten und Merkmale
7. Haarfarbe
8. Sonstiges

Zu jedem Punkt sollte die Angabe nur aus einigen Stichworten oder einem kurzen Satz bestehen.

Die Zettel werden anschließend zusammengefaltet, eingesammelt und durchgemischt. Der Reihe nach werden aus dem Haufen Steckbriefe gezogen und vorgelesen. Die Schüler geben Tipps ab, um welche Person es sich wohl handelt. Wer erraten worden ist, muss sich zu erkennen geben.

5 Vorstellungsrunde – Vorstellung des Projekts

Baustein

Kennenlernen

Typ	Gesprächskreis
Ort	Drinnen, draußen
Dauer	10 bis 15 min
Altersstufe	Ab 8 Jahre
Teilnehmerzahl	Bis 30
Ziele	Sich kennenlernen, Informationen zum Projekt erhalten, gegenseitiges Vertrauen aufbauen
Material	Logo (M1)

Der Lehrer und die Teilnehmer stellen sich kurz vor. Die Vorstellungsrunde kann mit einer Gefühlsrunde (siehe Baustein Nr. 8) verbunden werden.

Dann wird das Projekt kurz vorgestellt (Inhalte und Ziele). Das Logo sollte an der Tür oder an einer Wand im Klassenraum aufgehängt werden.

Abschlussrunde

6

Baustein

Kommunikation

Typ	Gesprächskreis
Ort	Drinnen, draußen
Dauer	15 bis 15 min
Altersstufe	Ab 8 Jahre
Teilnehmerzahl	Bis 30
Ziele	Die zurückliegende Einheit reflektieren
Material	———

In der Abschlussrunde können die Jugendlichen ihre Meinung zur zurückliegenden Einheit äußern. Es sollte darauf geachtet werden, dass die Statements kurz sind (1 bis 2 Sätze) und jeder sich äußern kann.

Hilfsfragen sind z. B.:
- Was hat dir in diesem Training Spaß gemacht?
- Was hat dir gefallen, was nicht?
- Was hat dir heute gut gefallen, was könnte besser sein?
- Was hat dich heute am meisten beeindruckt? Was hat dich heute am meisten gestört?
- Was hast du heute Neues entdeckt?
- Hattest du heute ein Aha-Erlebnis? Wenn ja, welches?
- Welche Note gibst du der heutigen Einheit?

7 Beleidigungsskala

Baustein

Kommunikation

Typ	Einzelarbeit, Gesprächskreis
Ort	Drinnen
Dauer	20 bis 30 min
Altersstufe	Ab 10 Jahre
Teilnehmerzahl	Bis 30
Ziele	Sich bewusst werden, welche Worte und Sätze für einen persönlich beleidigend und provozierend sind; die Gefühle zu solchen Beleidigungen und Provokationen erkennen und benennen können; gegenseitige Beleidigungen reduzieren
Material	Zwei Notizzettel und ein Stift pro Person, Tafel

Die Teilnehmer sollen in einer Einzelarbeit (5 bis 10 min) Worte und Sätze sammeln, die sie persönlich beleidigen bzw. aggressiv machen. Die zwei schlimmsten Worte bzw. Sätze schreibt jeder anonym auf je einen Notizzettel.

Die Zettel werden eingesammelt, vorgelesen und anschließend an die Tafel geschrieben. Wird ein Schimpfwort mehrmals genannt, so kommt pro Nennung ein Strich hinter das entsprechende Schimpfwort. Es ist sinnvoll, bei jeder Aussage danach zu fragen, was diese Worte auslösen und welche Gefühle dabei hervorgerufen werden.

Abschließend wird festgehalten, welche Reizworte und Reizsätze in der Klasse am häufigsten genannt wurden, um so eine Beleidigungsskala zu erstellen. Wenn möglich sollte darauf hingearbeitet werden, dass die Teilnehmer sich in Zukunft darum bemühen, die Beleidigungen auf den Notizzetteln bewusst zu unterlassen.

Gefühlsrunde

8

Baustein

Kommunikation

Typ	Gesprächskreis
Ort	Drinnen, draußen
Dauer	5 bis 10 min
Altersstufe	Ab 10 Jahre
Teilnehmerzahl	6 bis 30
Ziele	Die eigenen Gefühle erkennen und artikulieren können, einen geschützten Raum für Probleme schaffen, Anteil aneinander nehmen, den Einzelnen wahrnehmen und wertschätzen
Material	———

Die Gruppe sitzt im Stuhlkreis. Reihum sagt nun jeder, wie es ihm im Moment geht. Jeder hat auch die Möglichkeit, kurz zu begründen, warum er im Augenblick dieses Gefühl hat.

Der Lehrer kann die Schüler, denen es schlecht geht, fragen, ob sie die Umstände offenbaren wollen, die zu ihrer Gefühlslage geführt haben. Die Schüler sollten aber nicht zu einer Begründung gedrängt oder gezwungen werden.

9 Gesprächsrunden

Baustein

Kommunikation

Typ	Gesprächskreise
Ort	Drinnen, draußen
Dauer	20 bis 45 min
Altersstufe	Ab 8 Jahre
Teilnehmerzahl	6 bis 15 (bei größeren Gruppen teilen)
Ziele	Konstruktive Konfliktlösungen erarbeiten, einen geschützten Raum für Probleme und Konflikte schaffen, Anteil aneinander nehmen, einander helfen, den Einzelnen wertschätzen
Material	————

Die Gruppe wird in so viele Kleingruppen geteilt, wie Teamer vorhanden sind. Möglich ist es auch, geschlechtsspezifische Gesprächsgruppen zu bilden.

In den Gesprächsgruppen haben die Teilnehmer die Möglichkeit, von persönlichen Konflikten und Problemen zu erzählen. Außerdem können hier aktuelle Konflikte geklärt und besprochen werden. Die Gruppe sollte unter Hilfestellung des Lehrers miteinander konstruktive Lösungsmöglichkeiten erarbeiten.

Der Lehrer sollte die Gesprächsbeiträge oder ein geschildertes Verhalten nicht bewerten, sondern als Moderator für einen geordneten Gesprächsablauf sorgen (z. B. ausreden lassen). Zudem kann er mittels Gesprächsführung die Teilnehmer in einen Denkprozess hineinführen, durch den sie ihr eigenes Verhalten reflektieren. Mögliche Fragen:
- Was ist passiert?
- Was fühlst du, wenn du an diesen Streit/Konflikt denkst?
  Was fühlt möglicherweise der andere?
- Warum hast du so gehandelt?
  Warum hat sich der andere so verhalten?
- Was erwartest du? Was könnte der andere von dir erwarten?
- Wie könnte eine Lösung des Konflikts aussehen?

Der Teamer sollte anschließend alle Gesprächsteilnehmer für ihre Mitarbeit und ihr Mitdenken würdigen.

Wichtige Hinweise: Alle Teilnehmer sollten zu Beginn der Regel zustimmen, dass das in den Gesprächskreisen Besprochene von jedem Teilnehmer vertraulich behandelt werden muss.
Dieser Baustein eignet sich besonders für Teamteaching.

Laute Post

Typ	Kommunikationsspiel
Ort	Drinnen
Dauer	5 bis 10 min
Altersstufe	Ab 10 Jahre
Teilnehmerzahl	8 bis 30
Ziele	Reizschwelle erhöhen, Reizwörter »entreizen«
Material	———

Baustein 10

Kommunikation

Die Gruppe steht auf und bildet einen Kreis. Ein Lehrer beginnt, seinem Nachbarn ein Schimpfwort (z. B. Blödmann, Miststück, Drecksack, Missgeburt, Sau, Scheiß-Ausländer, Arschloch, Hurensohn, Hurentochter, Wichser etc.) zuzuschreien. Dieser gibt das Wort schreiend und möglichst schnell an den nächsten Nachbarn weiter, sodass jede Person einmal angeschrien wurde und einmal eine andere anschreien konnte. Die Runde ist beendet, wenn das Schimpfwort wieder beim »Sender«, dem Lehrer, angekommen ist. Dann können neue Schimpfwörter in die Runde geschrien werden.

Variante: Nach jeder Runde kann darüber gesprochen werden, was das Schimpfwort bei den einzelnen Teilnehmern auslöst.

11 Radlager

Baustein

Kommunikation

Typ	Kommunikationsspiel
Ort	Drinnen
Dauer	15 bis 25 min
Altersstufe	Ab 10 Jahre
Teilnehmerzahl	8 bis 30
Ziele	Reden einüben, dem anderen aufmerksam und aktiv zuhören, sich auf unterschiedliche Gesprächspartner einstellen können
Material	———

Die Gruppe bildet zwei Stuhlkreise mit gleich vielen Stühlen – einen inneren und einen äußeren. Der äußere Stuhlkreis ist nach innen gerichtet, der innere nach außen, sodass immer ein Schüler des äußeren Stuhlkreises einem des inneren Stuhlkreises gegenüber sitzt. Die beiden gegenüber sitzenden Schüler haben nun die Aufgabe, in einer festgelegten Zeit miteinander über ein Gesprächsthema zu reden: Der Schüler des äußeren Stuhlkreises erzählt und der Schüler des inneren Stuhlkreises hört aktiv zu (vgl. Baustein Nr. 17 »Zuhören«).

Nach dem ersten Gespräch rücken alle Schüler des äußeren Stuhlkreises im Uhrzeigersinn einen Platz weiter, sodass sich neue Gesprächspartner gegenüber sitzen. Diese reden anschließend über ein neues Thema, wobei nun der Schüler des inneren Stuhlkreises erzählt und der des äußeren Stuhlkreises aktiv zuhört. Danach werden wieder die Plätze gewechselt usw. Die einzelnen Gespräche sind immer gleich lang (1 bis 2 min).

Mögliche Gesprächsthemen:
1. Was hast du am letzten Wochenende gemacht?
2. Was gefällt dir in deiner Klasse, was stört dich in deiner Klasse?
3. Was würdest du am liebsten tun, wenn du 1 Million Euro gewinnen würdest?
4. Was machst du, wenn du von der Schule nach Hause kommst?
5. Welchen Berufswunsch hast du? Erzähle deinem Gesprächspartner, was man in diesem Beruf machen muss.

In einer abschließenden Reflexion berichten die Schüler über ihre Erfahrungen.

Rückenzeichnen

12

Baustein

Kommunikation

Typ	Sensibilisierungsspiel, Wahrnehmungsspiel, Unterrichtsgespräch
Ort	Drinnen, draußen
Dauer	10 bis 30 min
Altersstufe	Ab 10 Jahre
Teilnehmerzahl	8 bis 15 (bei mehr als 15 Personen teilen)
Ziele	Auf den anderen achten, Impulse wahrnehmen, sich aufeinander einlassen, sich der Schwierigkeiten zwischenmenschlicher Kommunikation bewusst werden, den kommunikationstheoretischen Ansatz von Friedemann Schulz von Thun kennenlernen
Material	2 Stifte, pro Runde 2 DIN-A4-Blätter, Schaubild »Die vier Seiten einer Nachricht« (M7) eventuell auf OHP-Folie oder als Kopie

Spielphase: Die Gruppe setzt sich mit gleicher Blickrichtung dicht hintereinander in einer Reihe auf den Boden oder auf Stühle. Der hinterste Spieler malt auf ein Blatt eine einfache und unkomplizierte Zeichnung. Diese überträgt er anschließend mit dem Finger auf den Rücken seines Vordermanns. Dieser gibt die Zeichnung ohne Rückfrage (eine Wiederholung des Zeichnens ist aber erlaubt) auf den Rücken seines Vordermannes weiter, bis die Zeichnung beim vordersten Spieler angekommen ist.

Der Vorderste überträgt das, was ihm auf seinen Rücken gezeichnet wurde, auf ein Blatt. Die Zeichnungen des Absenders und des Empfängers werden miteinander verglichen. Bei jeder weiteren Runde sollten die Zeichner wechseln.

Auswertungsphase: Nach der Spielphase kann in einem gelenkten Unterrichtsgespräch erarbeitet werden, dass es in der Kommunikation zwischen Menschen ähnlich abläuft: Was jemand zu einem anderen sagt, kommt nicht immer genauso an, wie es ursprünglich gemeint war.

Dazu ist es sinnvoll, ein kurzes Rollenspiel vorzuspielen: Ein Schüler sitzt auf einem Stuhl und spielt einen Autofahrer. Der Lehrer sitzt auf dem Beifahrersitz und sagt zu dem Fahrer: »Du, da vorne ist grün!« (Szene eventuell zum besseren Verständnis wiederholen!). Anschließend kann gemeinsam der kommunikationstheoretische Ansatz von Schulz von Thun durch das Schaubild »Die vier Seiten einer Nachricht« (M7) an der Tafel oder auf dem Overheadprojektor entwickelt werden.

13 Sag's mir

Baustein

Kommunikation

Typ	Kommunikationsspiel in Partnerarbeit
Ort	Drinnen
Dauer	5 bis 15 min
Altersstufe	Ab 12 Jahre
Teilnehmerzahl	2 bis 30
Ziele	Sich bewusst werden, welche Gefühle Lob bzw. Beleidigungen auslösen
Material	————

Je zwei Teilnehmer sitzen sich gegenüber. In der ersten Runde hat der eine 1 min Zeit, den anderen zu beleidigen und zu beschimpfen. In der zweiten Runde geschieht dies umgekehrt. In der dritten Runde lobt der eine den anderen 1 min lang und in der vierten Runde wird er vom anderen gelobt.

In einer Auswertungsphase kann darüber gesprochen werden, welche Gefühle hervorgerufen wurden und welche Aufgabe – Beleidigen oder Loben – einfacher umgesetzt werden konnte. Meist fällt es den Jugendlichen leichter, sich gegenseitig zu beschimpfen.

Standpunkte

14
Baustein
Kommunikation

Typ	Kommunikationsspiel, Wahrnehmungsspiel, Unterrichtsgespräch
Ort	Drinnen
Dauer	10 bis 20 min
Altersstufe	Ab 10 Jahre
Teilnehmerzahl	8 bis 30
Ziele	Erkennen, dass unterschiedliche Perspektiven verschiedene Teilwahrheiten beinhalten (»alle haben Recht« statt »einer hat Recht«)
Material	4 Stühle

Übung: Die Schüler bilden einen großen Stuhlkreis. Vier Stühle werden so in die Mitte des Raumes gestellt, dass jeder der Stühle zu einer anderen Wand zeigt (Rückenlehne an Rückenlehne). Vier Freiwillige nehmen auf den Stühlen Platz. Die vier werden gebeten, weder nach rechts noch nach links zu schauen und dann nacheinander zu schildern, was sie sehen. Die restlichen Schüler sind Beobachter.

Auswertungsphase – Fragen für die Beobachter:

- Was haben die einzelnen Schüler beschrieben?
- Wer von diesen Schülern hat den gesamten Klassenraum beschrieben?
- Wen müsste ich fragen, wenn ich wissen wollte, wie es in eurem Klassenraum aussieht?
- Kennt ihr eigene Erlebnisse, wo ihr euch nicht darüber einigen konntet, wer die richtige Sichtweise hatte?

Variation: Die Übung kann auch mit zwei Stühlen und entsprechend nur zwei Blickrichtungen durchgeführt werden.

15 Streit- und Versöhnungsdialoge

Baustein

Kommunikation

Typ	Anspiel, Partnerarbeit, Rollenspiele, Unterrichtsgespräch
Ort	Drinnen
Dauer	30 bis 45 min
Altersstufe	Ab 10 Jahre
Teilnehmerzahl	8 bis 30
Ziele	Ursachen für Streit und Versöhnung erarbeiten, versöhnliche Gesprächsführung einüben
Material	Arbeitsblätter »Streitdialog« (M10) und »Versöhnungsdialog« (M11), Stifte, Tafel

Anspiel: Der Lehrer und ein Schüler spielen eine kurze Szene vor. Der Schüler rempelt den Lehrer an, worauf der Lehrer z. B. antwortet: »He, pass doch auf, du Hurensohn!« Anstelle von »Hurensohn« kann man hier auch die meist genannte Beleidigung oder Beschimpfung der Beleidigungsskala (Baustein Nr. 7) verwenden. Die Antwort wird an die Tafel geschrieben.

Vorbereitung der Rollenspiele (ca. 15 min): Jeder Schüler sucht sich einen Partner. Der Lehrer teilt die Arbeitsblätter »Streitdialog« und »Versöhnungsdialog« an die Zweiergruppen aus. Die Schüler tragen die Antwort aus dem Anspiel in die erste Zeile (Person A) der beiden Arbeitsblätter ein. Die Zweiergruppen haben nun die Aufgabe, auf den Arbeitsblättern den Dialog so weiterzuschreiben, dass es zu einem handfesten Streit (Arbeitsblatt »Streitdialog«) bzw. zur Versöhnung zwischen beiden Gesprächspartnern (Arbeitsblatt »Versöhnungsdialog«) kommt. Man sollte die Schüler darauf hinweisen, dass sie nicht alle Zeilen beschreiben müssen.

Darbietung und Auswertung der Rollenspiele (ca. 20 min): Nach der Partnerarbeit werden einige Dialoge der gesamten Gruppe vorgestellt. Die Zuhörer haben die Aufgabe, darauf zu achten, wodurch einerseits Streit und andererseits Versöhnung verursacht wird. Jeder Dialog wird anschließend von der Gruppe ausgewertet. Die Ursachen und Merkmale werden unter den Überschriften »Das führt zum Streit« (z. B. weitere Beleidigungen, Körperkontakt, Drohung, Bereitschaft zur Schlägerei etc.) und »Das führt zur Versöhnung« (z. B. Entschuldigung, Annahme der Entschuldigung, Angebot einer Entschädigung, Bereitschaft zur Versöhnung etc.) an der Tafel festgehalten.

Zielscheibenschießen

16

Baustein

Kommunikation

Typ	Sensibilisierungsspiel, Unterrichtsgespräch
Ort	Drinnen
Dauer	20 bis 35 min
Altersstufe	Ab 10 Jahre
Teilnehmerzahl	8 bis 30
Ziele	Sich der durch Schimpfwörter und Beleidigungen ausgelösten Gefühle bewusst werden, Gefühlsintensität durch Visualisieren ausdrücken können, mögliche Gegenreaktionen auf Beleidigungen und Schimpfwörter thematisieren
Material	Zielscheiben in DIN A3 (M9), große farbige Klebepunkte, Klebeband

Der Lehrer geht noch einmal kurz auf die Ergebnisse der Beleidigungsskala ein (Schimpfwörter und Beleidigungen aufzählen, die ganz oben auf der Beleidigungsskala rangieren). Man tauscht sich kurz darüber aus, was diese Schimpfwörter und Beleidigungen bei den Schülern auslösen.

Anschließend werden verschiedene Zielscheiben an die Wand geklebt:

- Ich bin verletzt.
- Ich werde sauer.
- Ich möchte den anderen attackieren.
- ... [weitere Gefühle oder Reaktionen, die in der vorangehenden Austauschphase genannt wurden]

Die Schüler bekommen pro Zielscheibe einen Klebepunkt (unterschiedliche Farben für Mädchen und Jungen) und sollen nun auf jeder Zielscheibe durch einen Klebepunkt anzeigen, wie die Aussage auf der jeweiligen Zielscheibe auf sie persönlich zutrifft. Auf den Zielscheiben gilt folgende Abstufung: Mitte = trifft voll zu; außerhalb = trifft nicht zu; Ringe dazwischen = Abstufungen zwischen beiden Extremen.

Anschließend können die Ergebnisse auf den einzelnen Zielscheiben verglichen werden (als Gesamtgruppe, geschlechtsspezifisch etc.). In einem weiteren Gesprächsgang können die Schüler ausgelöste Gefühle und Reaktionen näher beschreiben.

17 Zuhören

Baustein

Kommunikation

Typ	Partnerarbeit, Unterrichtsgespräch
Ort	Drinnen
Dauer	30 bis 40 min
Altersstufe	Ab 10 Jahre
Teilnehmerzahl	8 bis 30
Ziele	Sich mit dem Begriff »Zuhören« auseinandersetzen, Merkmale von gutem und schlechtem Zuhören erarbeiten, sich der Gefühle bei gutem sowie schlechtem Zuhören bewusst werden
Material	Arbeitsblätter »Gutes und schlechtes Zuhören« (M12), 1 Stift pro Teilnehmer

Anspiel (5 min): Zunächst wird ein Freiwilliger gesucht, der bereit ist, mit dem Lehrer ein Gespräch über etwas zu führen, das ihm passiert ist (z. B. Aktivitäten am Wochenende). Die Gruppe hat die Aufgabe, das Gespräch zu beobachten. Der Lehrer hört zunächst seinem Gesprächspartner gut zu (er wendet sich dem anderen zu, fragt nach, hält Blickkontakt, zeigt Einfühlungsvermögen, nickt, sitzt ruhig, passt auf etc.). Dann hört er ihm schlecht zu (er unterbricht, zeigt Langeweile, beschäftigt sich mit etwas anderem, lenkt ab, redet dazwischen, schaut auf etwas anderes, passt nicht auf, fragt immer wieder dasselbe etc.). Zum Schluss des Gesprächs hört er wieder gut zu.

Auswertung (5 min): Die Beobachter berichten, was ihnen aufgefallen ist.

Partnerarbeit (15 min): Jeder Schüler erhält das Arbeitsblatt »Gutes und schlechtes Zuhören«, das in Partnerarbeit ausgefüllt werden soll. Dafür haben die Schüler 10 bis 15 min Zeit.

Zusammentragen der Ergebnisse (10 min): Die Ergebnisse der Partnerarbeit werden an der Tafel festgehalten. Die Schüler ergänzen auf ihren Arbeitsblättern die fehlenden Merkmale und Gefühle.

Ärgermitteilung

18

Baustein

Konfliktlösung

Typ	Unterrichtsgespräch, Partnerarbeit, Rollenspiele
Ort	Drinnen
Dauer	45 bis 55 min
Altersstufe	Ab 12 Jahre
Teilnehmerzahl	8 bis 30
Ziele	Die Kommunikationsform der »Freundlichen Beschwerde« kennenlernen und einüben, sich der unterschiedlichen Wirkung der beiden Kommunikationsformen »Aggressive Anmache« und »Freundliche Beschwerde« bewusst werden
Material	OHP-Folie »Ärgermitteilung« (M19), Arbeitsblätter »Ärgermitteilung« (M19) und »Freundliche Beschwerde« (M20), Karten »Konfliktsituationen« (M21)

Hinführung (ca. 15 min): Ein Lehrer stellt anhand der OHP-Folie »Ärgermitteilung« die beiden unterschiedlichen Kommunikationsformen vor (Ausgangssituation ist ein unbeabsichtigtes Anrempeln in der Fußgängerzone). Es sollte vermittelt werden, dass es wichtig ist, seinen Ärger der Person mitzuteilen, von der man verletzt, gekränkt oder geärgert wurde, damit man seinen Ärger nicht an anderen auslässt und sich nicht zu sehr von der anderen Person einschränken lässt. Um den Konflikt nicht zu verschärfen, sollte die Mitteilung aber so gewählt sein, dass sie den anderen weder verletzt noch beleidigt.

Übung: Anschließend erhält jeder Schüler das Arbeitsblatt »Ärgermitteilung«. Nun werden gemeinsam die drei Schritte der »Freundlichen Beschwerde« an einem weiteren Beispiel durchgeführt (z. B. »Jemand gibt beim Fußballspielen nie ab.«).

Vorbereitung der Rollenspiele (ca. 15 min): Jeder Schüler sucht sich einen Partner. Die Zweiergruppen erhalten das Arbeitsblatt »Freundliche Beschwerde« und eine Karte mit einer Konfliktsituation (als Konfliktsituationen können auch persönliche Erfahrungen der Schüler dienen). Aufgabe ist es nun, die drei Schritte der »Freundlichen Beschwerde« anzuwenden und die Szene in einem kurzen Rollenspiel umzusetzen.

Darbietung, Auswertung und Würdigung der Rollenspiele (ca. 20 min): Die einzelnen Rollenspiele werden vorgespielt, von der Gruppe ausgewertet (z. B. »Wie fühlt sich dein Gesprächspartner, wenn du das zu ihm sagst?«) und gewürdigt.

19 Eselstreit

Baustein — Konfliktlösung

Typ	Kooperationsspiel, Wettkampfspiel, Unterrichtsgespräch
Ort	Drinnen
Dauer	2 min pro Spieldurchgang
Altersstufe	Ab 8 Jahre
Teilnehmerzahl	2 pro Spieldurchgang
Ziele	Erkennen, dass Kooperation mehr Erfolg bringt als Konkurrenz; konstruktive Konfliktlösungen erarbeiten
Material	Spanngurt, 2 Tische, 2 Stühle, viele Bonbons, Eselpuzzle (M18), Tafel

An die vier Wände eines Raumes werden jeweils gegenüber zwei Tische und zwei Stühle gestellt. Aus der Gruppe werden zwei etwa gleich starke Spieler ausgewählt, die restlichen Schüler setzen sich an die Wände und schauen zu. Die beiden Spieler werden mit einem Spanngurt um die Hüfte Rücken an Rücken in einem Abstand von ca. 50 cm zusammengebunden. Jedem Spieler wird ein Tisch und ein Stuhl zugewiesen. Auf den Tischen liegen jeweils 20 Bonbons. Die Spieler stehen zu Anfang des Spiels in der Mitte des Raumes.

Spielanweisung: »Das Spiel dauert genau 1 Minute. Ihr dürft den Spanngurt nicht lösen. Ihr habt die Aufgabe, in dieser Minute möglichst viele Bonbons von eurem Tisch zu holen und auf euren Stuhl zu legen. Ihr dürft aber immer nur ein Bonbon holen. Erst wenn ihr das Bonbon auf euren Stuhl gelegt habt, dürft ihr wieder ein neues holen.«

Für den ersten Spieldurchgang sollten zwei Spieler ausgewählt werden, die dieses Spiel als Konkurrenzspiel auffassen, damit die folgenden Spielrunden ebenfalls als Konkurrenzspiel gespielt werden. Nach jeder Spielrunde wird die Beute gezählt und an der Tafel notiert. Nachdem alle Schüler dieses Spiel gespielt haben, verteilt der Lehrer an die Teams jeweils ein Eselpuzzle mit dem Hinweis, dass man dieses Spiel erfolgreicher spielen kann. Das Team, das auf die kooperative Lösung kommt, darf dieses Spiel nun kooperativ spielen. In einer Auswertungsphase kann über verschiedene Konfliktlösungen (Sieg-Niederlage-Schema, konstruktive Lösung) gesprochen werden.

Gassenspiel

20
Baustein

Konfliktlösung

Typ	Selbsterfahrungsspiel, Wahrnehmungsspiel, Unterrichtsgespräch
Ort	Drinnen, Turnhalle
Dauer	25 bis 45 min
Altersstufe	Ab 12 Jahre
Teilnehmerzahl	8 bis 30 (optimale Gruppengröße: 10 bis 15 Personen)
Ziele	Gewaltsame Konflikte vermeiden, sich selbst vor Gewalt schützen
Material	Tafel

In dieser Übung soll eine typische Konfliktsituation nachgestellt werden: »Zwei Jugendliche stehen auf einem Bürgersteig, auf dem ich entlanggehe. Ich merke, dass die beiden Streit suchen. Was soll ich tun?«

Alle legen zunächst harte oder leicht zu beschädigende Gegenstände ab. Die Schüler bilden Schulter an Schulter eine enge Reihe, die in einem Abstand von 1,5 m parallel zu einer glatten Wand verläuft. Zwischen der Schülerreihe und der Wand ist eine Gasse, in der ein Schüler und der Lehrer stehen. Jeder Schüler hat die Aufgabe, durch die Gasse an den beiden vorbeizukommen, ohne in eine Schlägerei verwickelt zu werden. Nach jedem Versuch kann kurz reflektiert werden, wodurch der betreffende Schüler eine gewaltsame Auseinandersetzung provoziert oder vermieden hat.

Für Jungen und Mädchen lassen sich ganz verschiedene Verhaltensregeln feststellen, um einen gewaltsamen Konflikt zu vermeiden:

- Mädchen: z. B. selbstbewusst auftreten durch Worte und Körperhaltung, in die Augen schauen, nicht in die Opferrolle begeben, deutlich Grenzen bei körperlichen Berührungen setzen etc.

- Jungen: z. B. nicht in die Augen schauen, nicht durch Worte provozieren, Körperkontakt vermeiden, nicht in ein Gespräch verwickeln lassen, Überraschungseffekt nutzen und schnell durchlaufen, laut schreiend weglaufen (»Lasst mich in Ruhe!«) etc.

- Der beste Tipp ist immer noch, die Straßenseite frühzeitig zu wechseln oder einen ganz anderen Weg zu benutzen.

Die erarbeiteten Verhaltensregeln können anschließend in einem Auswertungsgespräch an der Tafel festgehalten werden.

21 Gewalt oder keine Gewalt?

Baustein

Konfliktlösung

Typ	Sortierspiel, Einschätzspiel, Sensibilisierungsspiel, Diskussion, Gesprächskreis
Ort	Drinnen
Dauer	50 bis 60 min
Altersstufe	Ab 12 Jahre
Teilnehmerzahl	6 bis 30
Ziele	Sich mit Gewalt auseinandersetzen, Intensität von Gewalt einschätzen, für die Opfer von Gewalt sensibilisieren, verschiedene Formen von Gewalt unterscheiden können
Material	Karten »Gewalt oder keine Gewalt?« (M13), Situationskarten (M14), OHP-Folie »Gewalt« (M15), Arbeitsblätter »Gewalt« (M15), Karten »Gewaltformen« (M16)

Phase 1 (ca. 30 min): Bei Gruppen über 15 Personen ist für diese Phase eine Teilung und eine Durchführung in zwei verschiedenen Räumen sinnvoll, da die Übung sonst zu unübersichtlich wird. Im Raum werden in entgegengesetzter Richtung die Karten »Gewalt« und »Keine Gewalt« auf den Boden gelegt. Jeder Schüler bekommt eine Situationskarte und soll zunächst kurz überlegen, inwiefern hier Gewalt vorliegt oder nicht. Er legt dazu seine Karte zwischen den beiden Gegenpolen an die Position, die er für richtig hält. Danach hat die Gruppe die Aufgabe, die Positionierung der einzelnen Situationskarten zu überdenken bzw. zu diskutieren, möglicherweise umzusortieren und sich auf ein Ergebnis zu einigen, das von allen akzeptiert wird (eventuell Kompromisse eingehen).
Die Lehrkraft interviewt anschließend die Gruppe,
- warum sie die jeweiligen Karten an die betreffenden Stellen gelegt hat,
- inwiefern hier Gewalt vorliegt
- und welches Gefühl das Opfer in dieser Situation wohl empfinden könnte.

Alternative zu Phase 1 (keine Teilung nötig): Die Schüler stehen zwischen den beiden Karten »Gewalt« und »Keine Gewalt«, die jeweils in den entgegengesetzten Ecken des Raumes liegen. Die Lehrkraft liest eine Situation vor. Die Teilnehmer sollen zunächst kurz überlegen, inwiefern hier Gewalt vorliegt oder nicht, und anschließend ihren Standpunkt durch die Positionierung zwischen den beiden Polen verdeutlichen. Wer möchte, kann seine Entscheidung kurz begründen. Die Lehrkraft sollte auch hier die Frage nach dem Gefühl des Opfers thematisieren. Dann ist die nächste Situation an der Reihe.

Phase 2 (ca. 25 min): Die Schüler bilden einen Stuhlhalbkreis vor der Projektionsfläche für den OHP-Projektor. Die Lehrkraft stellt die allgemeine Frage »Was ist eigentlich Gewalt?«, zu der sich die Schüler spontan äußern.
Der Lehrer bespricht mithilfe der OHP-Folie »Gewalt« die Gewaltdefinition der Fachstelle der Gewaltprävention Freiburg (»Gewalt ist eine Handlung gegen den Willen anderer mit dem Ziel der Ausgrenzung, Verletzung und Demütigung ohne Regeln oder Schiedsrichter.«) und die unterschiedlichen Formen von Gewalt. Anschließend erhält jeder Schüler das Arbeitsblatt »Gewalt«.
Die vier Karten »Gewaltformen« werden für alle sichtbar nebeneinander auf den Boden gelegt. Die Lehrkraft liest nun die Situationskarten aus der ersten Phase vor. Die Gruppe ordnet diese den einzelnen Formen von Gewalt (körperliche Gewalt, verbale Gewalt, seelische Gewalt, strukturelle Gewalt) zu und legt sie unter die entsprechende Kategorie. Was gar nicht zuzuordnen ist, wird beiseitegelegt.

Im Sog der Gewalt

22
Baustein

Konfliktlösung

Typ	Rollenspiel, Videoanalyse, Gesprächskreis
Ort	Drinnen
Dauer	Mindestens 75 min
Altersstufe	Ab 12 Jahre
Teilnehmerzahl	6 bis 15 (ab 15 Schüler: 2 Einheiten einplanen)
Ziele	Die Eigendynamik und Eskalationsfaktoren der Gewalt erkennen, für Rückzugsmöglichkeiten aus dem Sog der Gewalt sensibilisieren
Material	OHP-Folie »Im Sog der Gewalt« (M17), Arbeitsblätter »Im Sog der Gewalt« (M17), Videokamera, Fernseher oder Beamer

Hinführung (ca. 5 min): Die Schüler tauschen sich im Stuhlkreis über Erfahrungen mit Schlägereien aus, die sie als Beobachter oder Beteiligte erlebt haben (nur kurze Beiträge wie z. B. »Ich habe mal eine Schlägerei gesehen, als sich ein Junge in der Kioskschlange vordrängelte.«, »Ich habe mich schon mal geschlagen, weil ein anderer mich beleidigt hat.«).

Rollenspiele in 5er- bis 6er-Gruppen (ca. 30 min): Jede Gruppe denkt sich ein kurzes Rollenspiel (höchstens 3 min!) aus, in dem es zu einer Schlägerei kommt. Bei fehlenden eigenen Ideen können die Konfliktsituationen M21 in Szene gesetzt werden. Ein Rollenspiel soll die Situation von der ersten Begegnung der Gegner bis zur Schlägerei beinhalten. Nach ca. 15 min werden die Rollenspiele präsentiert und mit der Videokamera aufgezeichnet.

Auswertung der Rollenspiele (ca. 35 min): Die Teilnehmer schauen sich das erste Rollenspiel als Video an. Danach wird der Film noch einmal zurückgespult und an entscheidenden Stellen angehalten, an denen die Eskalationsfaktoren (s. u.) besonders sichtbar werden. Der Schwerpunkt liegt hierbei in der Analyse der Kommunikation und Körpersprache sowie deren Wirkung auf die andere Person. Gleichzeitig sollte immer wieder thematisiert werden, ob und wie die Person zum jeweiligen Zeitpunkt einen gewaltsamen Ausgang des Konflikts verhindern könnte. Es sollte deutlich werden, dass es im Laufe eines Konflikts immer schwieriger wird, sich aus dem Konflikt zurückzuziehen, wenn er an Dynamik und Schärfe zunimmt. Bezüglich des nächsten Filmbeitrages wird genauso verfahren.

Abschließend stellt die Lehrkraft anhand der OHP-Folie »Im Sog der Gewalt« exemplarisch die **Eskalationsfaktoren** eines Konflikts vor (Symbolik des Schaubilds: Wie bei einem Sog wird es bei einem eskalierenden Streit immer schneller, enger und schwieriger, aus der Auseinandersetzung gewaltlos auszubrechen).
1. Blickkontakt: z. B. sich beäugen, Blicke treffen sich
2. Mimische Drohgebärden: z. B. angespanntes Gesicht, leicht angehobenes Kinn, provozierender Blick
3. Verbaler Kontakt: Provokationen wie z. B. » Was soll denn das?«, »Hast du ein Problem, Alter?«
4. Gestische Drohgebärden: erhobene Faust, provokante Handbewegungen, Vogel oder Mittelfinger zeigen
5. Beleidigungen: von leichten zu heftigen Schimpfwörtern
6. Körperkontakt: ins Revier eindringen, Hand auf Brust schlagen, stoßen, am Kragen packen
7. Schlägerei

Es sollte auch darauf hingewiesen werden, dass die Faktoren gleichzeitig auftreten können oder aber auch gar nicht vorkommen müssen.

23 Konfliktunterbrechung

Baustein

Konfliktlösung

Typ	Selbsterfahrungsspiel, Wahrnehmungsspiel, Unterrichtsgespräch
Ort	Drinnen
Dauer	30 bis 45 min
Altersstufe	Ab 12 Jahre
Teilnehmerzahl	8 bis 30
Ziele	Als Außenstehender eine Schlägerei erfolgreich und unverletzt beenden
Material	—

Vorbereitung: Die Gruppe bildet einen großen Stuhlkreis. Zwei Freiwillige sollen in der Mitte eine Schlägerei nachspielen, wobei sie sich nicht wehtun oder verletzen dürfen.

Durchführung: Aus der Gruppe sollen Einzelne die beiden Schläger trennen. Wichtig ist dabei der Hinweis, dass sie das eigene Verletzungsrisiko so gering wie möglich halten sollen. Nach jeder Eingreifaktion sollte das Handeln auf seine Effizienz hin reflektiert werden.

Häufige, aber falsche Handlungsweisen:

- Der Streitschlichter stellt sich mit seitlich ausgestreckten Armen als Puffer zwischen beide Schläger. Er kann dadurch die Schlägerei nicht wirklich unterbrechen und ist in akuter Gefahr, sogar selbst Schläge abzubekommen.
- Der Streitschlichter wendet sich von hinten einem Schläger zu, hält ihn an den Armen fest und versucht, ihn rückwärts aus der Gefahrenzone herauszuziehen. Dadurch hat der andere Schläger die Möglichkeit, seinen Kontrahenten ungehindert zu schlagen.
- Die umherstehende Gruppe schreit durcheinander: »Hört doch endlich auf!« Die Schläger werden anschließend gefragt, wie das Schreien auf sie gewirkt hat. Die Erfahrung ist die, dass die beiden den Inhalt nicht verstanden und die Schreie als Anfeuerungsrufe interpretiert haben.

Erfolg versprechende Maßnahmen:

- Der Streitschlichter nutzt einen Überraschungsmoment, tritt zwischen die beiden Schläger. Nun versucht er, einen von beiden außer Reichweite des anderen zu bringen und beruhigend auf ihn einzureden. Die Handlung muss schnell durchgeführt werden, darf aber zugleich nicht bedrohlich wirken. Am sinnvollsten ist es, wenn man sich dem Schläger zuwendet, mit dem man befreundet ist. Würde man sich dem Gegner zuwenden, könnte dieser den eigentlich schlichtenden Eingriff als Angriff von nunmehr zwei Aggressoren interpretieren.
- Am besten ist es, andere Zuschauer direkt (!) anzusprechen und zur Mithilfe zu motivieren (z. B. die Hand fassen und in die »Situation hineinziehen«), um gemeinsam die Schläger zu trennen. Eine weitere Person sollte zudem beauftragt werden, eine Lehrkraft zu holen oder per Handy die Polizei zu alarmieren.
- Sollte ein Schläger auf dem am Boden liegenden Opfer kniend sitzen und auf den Kopf einschlagen, ist es angemessen, dem Täter in einer Blitzaktion z. B. eine Jacke über den Kopf zu werfen und ihn festzuhalten. Dieser ist dann zunächst überrascht und orientierungslos. Anschließend kann er mit beruhigenden Worten von seinem Opfer weggezogen werden.

Die verschiedenen Möglichkeiten werden anschließend eingeübt.

Achtfüßlerstand

24

Baustein

Kooperation

Typ	Aufwärmspiel, Kooperationsspiel, Vertrauensspiel, Wettkampfspiel
Ort	Drinnen
Dauer	Pro Spiel ca. 5 min
Altersstufe	Ab 10 Jahre
Teilnehmerzahl	4 (+ 2)
Ziele	Zusammenarbeit einüben, Berührungsängste abbauen, gegenseitiges Vertrauen einüben
Material	4 Stühle, Stoppuhr

Zunächst wird ein großer Stuhlkreis gebildet, damit alle das Spiel sehen können. In der Mitte des Raumes werden eng bei einander und mit den Lehnen zu den Wänden vier Stühle angeordnet. Auf jedem Stuhl nimmt eine Person so Platz, dass ihre Füße links neben ihrem Stuhl stehen.

Nun legt sich jede Person mit ihrem Rücken nach hinten auf die Oberschenkel des Hintermannes. Auf Kommando ziehen vier weitere Personen zum gleichen Zeitpunkt die Stühle unter den liegenden Personen weg. Die vier Personen tragen sich nun selbst.

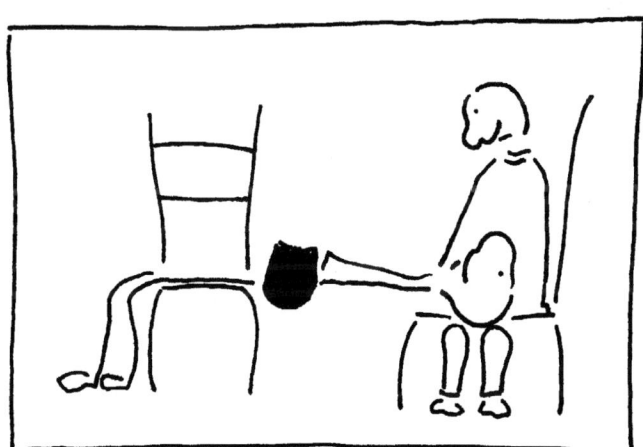 

Ziel ist es, möglichst lange diesen sogenannten Achtfüßlerstand zu halten. Die Zeit wird gestoppt, bis die »Menschenkonstruktion« zusammenbricht. Eine neue Gruppe kann anschließend versuchen, die vorgegebene Zeit zu verbessern.

Variante 1: Während die vier Personen den »Achtfüßlerstand« einnehmen, können zwei weitere abwechselnd unter den Vieren durchrobben bzw. -krabbeln. Dies fördert das Vertrauen zu anderen und macht zudem noch Spaß.

Variante 2: Diese Übung kann auch mit der gesamten Gruppe durchgeführt werden (dementsprechend benötigte Anzahl von Stühlen in den Kreis stellen).

25 Blinde Schatzsuche

Baustein Kooperation

Typ	Kooperationsspiel, Koordinationsspiel, Selbsterfahrungsspiel, Vertrauensspiel
Ort	Nicht so dicht bewachsener Laubwald
Dauer	50 bis 75 min
Altersstufe	Ab 12 Jahre
Teilnehmerzahl	12 bis 30
Ziele	Zusammenarbeit einüben, sich aufeinander verlassen, ein gemeinsames Vorhaben gut planen
Material	Augenbinde für jede Person, 10 m Seil oder Absperrband, Ball oder Tuch

Vorbereitung: Als Spielfeld benötigt man eine nicht so dicht bewachsene Waldfläche von ca. 40 m x 80 m. Das Spielfeld ist durch ein Absperrband in zwei ungefähr gleich große Sektoren (je 40 x 40 m) unterteilt. Am Anfang der einen Spielhälfte ist die Startlinie (ca. 30 m von der Absperrlinie entfernt). In der anderen Hälfte wird ungefähr 30 m von der Absperrung der Schatz (z. B. Ball, Tuch) sichtbar in einer Höhe von einem Meter platziert.

Planungsphase: Die Gruppe hat nun bis zu 15 min Zeit, ihren Weg von der Startlinie bis zum Schatz zu planen, den sie in der Durchführungsphase blind bewältigen muss. Dabei darf sie nur die Spielhälfte betreten, in der sich die Startlinie befindet. Alle Materialien des Waldes dürfen als Orientierungshilfen benutzt werden. Der Sektor mit dem Schatz dagegen darf während der Planungsphase nicht betreten werden, sondern nur mit den Augen »erspäht« werden.

Durchführung: Die Teilnehmer stellen sich hinter die Startlinie und legen ihre Augenbinden an. Die Lehrkraft beseitigt die Absperrung. Die blinde Gruppe macht sich nun gemeinsam auf den Weg zum Schatz. Die Aufgabe ist gelöst, wenn jeder Teilnehmer den Schatz berührt hat.

Hinweis: Sollte ein Teilnehmer während der Durchführungsphase panische Angst empfinden, darf er aus der Übung aussteigen.

Reflexion: Die Teilnehmer können sich im Gesprächskreis über das Erlebte äußern. Hilfsfragen:
- Was geht dir im Moment durch den Kopf?
- Wie hast du dieses Spiel erlebt?
- Welches Gefühl verbindest du mit dieser Übung?
- Welche Situation fandest du kritisch?
- Wurde die Planung umgesetzt? Warum nicht?

Hinweise zur Herstellung der Augenbinden:
Augenbinden kann man kostengünstig anfertigen, indem man sie aus einem gefärbten Betttuch zuschneidet (Ränder eventuell mit der Nähmaschine ketteln, um ein Ausfransen zu vermeiden).

Eierfall

26

Baustein

Kooperation

Typ	Kooperationsspiel
Ort	Drinnen
Dauer	60 bis 90 min
Altersstufe	Ab 10 Jahre
Teilnehmerzahl	Pro Gruppe 4 bis 6
Ziele	Zusammenarbeit einüben, die verschiedenen Fähigkeiten der Gruppenmitglieder zur gemeinsamen Lösung einer Aufgabe nutzen
Material	Pro Gruppe: 2 Scheren, 1 rohes Ei, 25 Strohhalme, 2 m Tesafilm, 1 m Schnur, 1 Tempotaschentuch, 1 Pappstreifen (5 cm x 20 cm)
	Pro Schüler: Arbeitsblatt »Auswertung der Gruppenarbeit« (M6)

Die Klasse wird in Kleingruppen von 4 bis 6 Schülern eingeteilt (verschiedene Möglichkeiten zur Gruppenbildung siehe unter Baustein Nr. 61). Jede Gruppe hat die Aufgabe, ein rohes Ei nur mithilfe der vorgegebenen Materialien so zu verpacken, dass es einen Sturz aus ca. 2,5 m Höhe heil überstehen kann.

Jede Kleingruppe sucht für ihre Konstruktion einen Namen. Für die Konstruktionsphase sollten 50 min eingeplant werden.

Anschließend werden die Konstruktionen den anderen Gruppen kurz vorgestellt und präsentiert, um dann auf ihre Tauglichkeit hin getestet zu werden.

In einer Auswertungsrunde kann gemeinsam das Arbeitsklima und die Zusammenarbeit in den Gruppen reflektiert werden. Dazu kann das Arbeitsblatt »Auswertung der Gruppenarbeit« (M6) eingesetzt werden.

Variante: In einer kurzen Planungsphase (ca. 5 min) müssen die Kleingruppen zunächst ihr Vorhaben planen. Das Material liegt dazu aber sichtbar auf einem Tisch oder es hängt an einer Wand.

27 Elefantenjagd

Baustein

Kooperation

Typ	Kooperationsspiel, Wettkampfspiel
Ort	Größerer Raum, Turnhalle
Dauer	30 bis 45 min
Altersstufe	Ab 10 Jahre
Teilnehmerzahl	12 bis 30
Ziele	Zusammenarbeit einüben, Zusammengehörigkeitsgefühl stärken, Regeln für ein gewaltfreies Spielen entwickeln, Gewaltursachen in Bezug auf gemeinsames Spielen ergründen
Material	———

Alle Schüler sollten zunächst gefährdende Gegenstände ablegen (z. B. Uhren, Brillen, Gürtelschnallen, größere Ohrringe etc.). Dann bilden sie eine große und eine kleine Gruppe. Die größere Gruppe (ca. 8 bis 20 Schüler) spielt den Elefanten: Jeder hält und klammert sich so am anderen fest, dass aus der Elefantengruppe eine in sich geschlossene, einem Elefanten ähnliche Einheit entsteht. Die kleinere Gruppe (Angreifer oder Jäger, ca. 4 bis 6 Schüler) versucht nun, einzelne Schüler aus der Elefanteneinheit herauszuziehen.

Als Regel wird festgelegt, dass niemandem weh getan werden darf. Dies sollte den Jägern kurz vor Beginn nochmals deutlich vermittelt werden. Sollte sich die Elefantengruppe im Laufe des Spiels über die Vorgehensweise der Jäger beschweren, wird das Spiel unterbrochen. Gemeinsam werden weitere Regeln festgelegt, die einen gewaltfreien Umgang garantieren sollen. Dann kann die Jagd von Neuem beginnen. Das Spiel ist beendet, wenn der Elefant völlig auseinandergenommen und nur noch eine Person übrig ist.

In einer anschließenden Reflexionsphase kann darüber gesprochen werden, warum es zu ungewollten »Gewaltübergriffen« während des Spiels kam (z. B. übertriebener Ehrgeiz oder »Rauschzustand«, bei dem man abgesprochene Regeln vergisst).

Entknoten

28

Baustein

Kooperation

Typ	Kooperationsspiel
Ort	Drinnen, draußen
Dauer	5 bis 15 min
Altersstufe	Ab 10 Jahre
Teilnehmerzahl	Ab 6
Ziele	Zusammenarbeit einüben, aufeinander achten
Material	————

Alle stehen im Kreis, strecken die Hände in die Luft und gehen langsam zur Mitte, bis es nicht mehr weitergeht. Dann greift jeder nach anderen Händen, bis jede Hand eine andere Hand gefunden hat.

Die Gruppe hat nun die Aufgabe, gemeinsam den Menschenknoten zu entknoten und zu entwirren. Die Schüler dürfen sich dabei allerdings nicht loslassen. Es kommt nicht immer ein Kreis dabei heraus, sondern manchmal entstehen auch zwei oder mehrere Kreise oder eine Schleife innerhalb eines Kreises.

In einer Auswertung kann darüber reflektiert werden, worauf es bei diesem Spiel ankommt.

29 Hindernisüberquerung

Baustein

Kooperation

Typ	Kooperationsspiel, Vertrauensspiel
Ort	Drinnen, draußen, Turnhalle
Dauer	15 bis 20 min
Altersstufe	Ab 12 Jahre
Teilnehmerzahl	10 bis 20 (bei größeren Gruppen teilen)
Ziele	Zusammenarbeit einüben, Vertrauen erleben
Material	Sprungkasten oder Mauer (Höhe: ca. 1,4 m), Matten

Alle Schüler müssen einzeln ein ca. 1,4 m hohes Hindernis (Sprungkasten oder Mauer) überqueren. Niemand darf während des Spiels das Hindernis berühren (Vorstellungshilfe: »Auf der Mauer wimmelt es von giftigen Schlangen!«). Die Schüler dürfen aber vor und hinter dem Hindernis stehen, um dem zu transportierenden Mitschüler zu helfen. Berührt jemand das Hindernis, muss er noch einmal das Hindernis überqueren. Bevor die Gruppe zur Tat schreitet, sollte sie sich zunächst darüber austauschen, wie sie diese Aufgabe am besten bewältigen kann.

Hinweis: Da dieses Spiel gefährlich sein kann, sollten alle darauf hingewiesen werden, sich genau abzusprechen und keine unüberlegten Schritte zu tun. Zur Sicherheit sollten Matten ausgelegt werden.

Hula-Hoop-Kreis

30

Baustein

Kooperation

Typ	Bewegungsspiel, Kooperationsspiel
Ort	Größerer Raum, draußen
Dauer	5 bis 10 min
Altersstufe	Ab 10 Jahre
Teilnehmerzahl	10 bis 30
Ziele	Gruppenzusammenhalt stärken, Zusammenarbeit einüben
Material	1 Hula-Hoop-Reifen, Stoppuhr

Alle Gruppenmitglieder stehen in einem Kreis und fassen sich so mit ihren Händen an, dass der Kreis geschlossen ist. Nun wird an einer Stelle des Menschenkreises ein Hula-Hoop-Reifen so eingefügt, dass zwei Nachbarn sich mit ihren Händen durch den Reifen hindurch anfassen.

Aufgabe ist es nun, dass der Reifen wie ein Nadelöhr um einen Faden einmal im Kreis um die Menschenkette herumläuft. Das bedeutet, dass jeder versucht, den Reifen schnellstmöglich über den Kopf und unter seinen Beinen zu seinem Nachbarn weiterzugeben. Dabei muss aber der Menschenkreis immer geschlossen bleiben.

In der ersten Runde wird die Zeit gestoppt, die ein Hula-Hoop-Reifen braucht, bis er wieder zum Ausgangspunkt zurückkommt. In weiteren Runden wird nun versucht, die Bestzeit oder eine durch die Gruppe festgelegte Zeit zu unterbieten.

31 Kissenschlacht

Baustein

Kooperation

Typ	Kooperationsspiel, Wettkampfspiel
Ort	Drinnen
Dauer	5 bis 10 min
Altersstufe	Ab 10 Jahre
Teilnehmerzahl	12 bis 30
Ziele	Zusammenarbeit einüben, durch Bewegung neue Konzentration erzeugen
Material	2 gleiche Kissen oder 2 gleiche Bälle

Vorbereitung: Die Teilnehmer bilden einen Stuhlkreis. Die Teilnehmerzahl muss gerade sein (eventuell spielt die Lehrkraft dann mit). Nun wird reihum bis zwei gezählt. Die »Einser« bilden ein Team, die »Zweier« ebenfalls. Nun erhält je ein Mitglied von jeder Mannschaft ein Kissen, wobei die Gegner sich genau gegenübersitzen müssen.

Durchführung: Auf Kommando müssen die Teams ihre Kissen im Uhrzeigersinn weitergeben. Es gelten folgende Regeln:

- Das Kissen darf nicht geworfen werden.
- Keiner darf ausgelassen werden.
- Der Gegner darf nicht an der Weitergabe behindert werden.

Das Team, das zuerst das Kissen des anderen eingeholt hat, ist Sieger.

Hinweis: In weiteren Runden kann auch die Richtung gewechselt werden.

Kniestuhlkreis

32

Baustein

Kooperation

Typ	Kooperationsspiel
Ort	Größerer Raum, draußen
Dauer	5 bis 15 min
Altersstufe	Ab 12 Jahre
Teilnehmerzahl	Ab 15
Ziele	Gruppenzusammenhalt stärken, andere wahrnehmen, Zusammenarbeit einüben
Material	———

Die Teilnehmer stellen sich so in einem Kreis auf, als gingen sie im Uhrzeigersinn im Kreis. Alle stehen so eng wie möglich hintereinander. Es sollte darauf geachtet werden, dass keine zu großen Gewichts- und Größenunterschiede zwischen den direkten Nachbarn bestehen.

Auf ein Zeichen hin versucht jeder, sich langsam auf die Knie des hinteren Nachbarn zu setzen, ohne dass der »Kniestuhlkreis« zusammenfällt. Wenn der Kreis stabil ist, kann die Gruppe versuchen, auf Kommando einen Schritt nach vorne zu gehen. Wenn das gelingt, einen weiteren. Manchmal klappt es erst beim zweiten oder dritten Mal.

33 Luftball

Baustein

Kooperation

Typ	Bewegungsspiel, Kooperationsspiel
Ort	Draußen, Turnhalle
Dauer	10 bis 20 min
Altersstufe	Ab 12 Jahre
Teilnehmerzahl	10 bis 30
Ziele	Zusammenarbeit einüben, Zusammengehörigkeitsgefühl stärken
Material	1 großer Gymnastikball, eventuell Markierungen zum Begrenzen der Spielfläche

Die Gruppe hat die Aufgabe, einen Gymnastikball in der Luft zu halten, ohne dass er den Boden berührt. Der Gymnastikball darf mit allen Körperteilen gespielt werden. Es hat sich als sinnvoll erwiesen, die Spielfläche zu begrenzen (z. B. ein halbes oder ein ganzes Volleyballfeld, je nach Gruppengröße). Die Gruppe entscheidet am Anfang in einer kurzen Austauschphase selbst, welche Spieltaktik sie wählt und wie sie sich im Spielfeld aufstellt.

Drei Regeln müssen beachtet werden:

- Der Ball darf den Boden nicht berühren.
- Niemand darf den Ball zweimal hintereinander berühren.
- Der Ball darf nicht festgehalten oder gefangen werden.

Sollte eine Regel nicht eingehalten werden, wird die Spielrunde beendet und die Anzahl der Berührungen festgestellt. In weiteren Spielrunden versucht die Gruppe, die Anzahl der Berührungen zu steigern oder eine festgelegte Anzahl von Berührungen zu erreichen.

Besonders motivierend ist es, wenn alle Teilnehmer die Berührungen laut mitzählen.

Variation: Jeder muss in einer Spielrunde einmal den Ball berühren, bevor ein anderer ihn ein zweites Mal berührt. Das ist aber sehr schwierig!

Mikadodance

34

Baustein

Kooperation

Typ	Kooperationsspiel, Koordinationsspiel
Ort	Drinnen
Dauer	10 bis 20 min
Altersstufe	Ab 10 Jahre
Teilnehmerzahl	6 bis 30
Ziele	Zusammenarbeit einüben, sich aufeinander einlassen
Material	1 großer Mikadostab oder Schaschlikspieß pro Teilnehmer, CD-Player, Musik

Vorbereitung: Jeweils zwei Teilnehmer stehen sich gegenüber. Jedes Paar bekommt einen Mikadostab.

Durchführung: Aufgabe ist es, mithilfe der Fingerkuppen der rechten Zeigefinger den Mikadostab zu halten und so die beiden Personen durch ihn zu verbinden. Nun bewegen sich die Paare bei Musik im Raum, ohne mit anderen zusammenzustoßen und den Stab fallen zu lassen. Nach einiger Übung können die Zweierteams auch über oder unter die Mikadostäbe anderer Paare steigen.

Varianten:
- Ein Paar kann sich auch mit zwei Mikadostäben versuchen.
- Es können sich auch größere Gruppen bilden (Dreiergruppe mit drei Mikadostäben, Vierergruppe mit vier Mikadostäben usw.).

35 Seeüberquerung

Baustein — Kooperation

Typ	Kooperationsspiel
Ort	Draußen, Turnhalle
Dauer	15 bis 30 min
Altersstufe	Ab 12 Jahre
Teilnehmerzahl	6 bis 12 (bei größeren Gruppen teilen)
Ziele	Zusammenarbeit einüben, Zusammengehörigkeitsgefühl stärken, aufeinander achten
Material	2 Bänke aus einer Turnhalle oder 2 lange Bohlen

Die Aufgabe und Herausforderung für die Gruppe besteht darin, einen See (z. B. ein Volleyballfeld) trockenen Fußes zu überqueren, indem sie sich eine Brücke baut. Als Hilfsmittel stehen zwei Brücken (Bänke oder Bohlen) zur Verfügung.

Zunächst wird eine Brücke auf den See geschoben. Die gesamte Gruppe besteigt die Brücke und befördert die zweite Brücke als Anschluss an das Ende der ersten Brücke. Die Gruppenmitglieder betreten nun die zweite Brücke und schieben die erste Brücke als Anschluss nach vorne usw.

Berührt ein Mitspieler das Wasser, beginnt die gesamte Aktion noch einmal von vorne. Die Aufgabe ist gelöst, wenn alle Gruppenmitglieder am anderen Ufer sind und die Brücken an Land liegen.

Stadtrallye

36

Baustein

Kooperation

Typ	Kooperationsspiel, Wettkampfspiel
Ort	Draußen
Dauer	90 min
Altersstufe	Ab 10 Jahre
Teilnehmerzahl	8 bis 30
Ziele	Zusammenarbeit einüben, gemeinsam Entscheidungen treffen
Material	Pro Kleingruppe: Ein mit durchnummerierten Punkten präparierter Stadtplan, Aufgabenblatt (ca. 40 Aufgaben), Stift, Uhr

Die Klasse wird in Kleingruppen geteilt. Jede Kleingruppe erhält einen Stadtplan, auf dem viele durchnummerierte Punkte eingezeichnet sind, und ein Aufgabenblatt, auf dem die zu den Punkten gehörenden Aufgaben stehen, z. B.
1. Wie viel kostet eine Dose Fanta in der Bäckerei?
2. Wie viele Fahnenstangen stehen auf dem Marktplatz?
3. Wie heißt der Inhaber der Tankstelle? usw.

Jede Kleingruppe hat die Aufgabe, so viele Aufgaben wie möglich zu lösen. Jede Kleingruppe muss sich einen Plan erstellen, welche Punkte sie anlaufen will und welche nicht, weil sie in der festgelegten Zeit nicht alle Aufgaben lösen kann. Die Kleingruppen müssen zu einem festgelegten Zeitpunkt wieder im Klassenraum erscheinen. Pro Verspätungsminute gibt es einen Punkt Abzug. Die Kleingruppen können bei der gemeinsamen Besprechung der Lösungen ihr Aufgabenblatt auswerten (pro richtige Anwort ein Punkt).

Auf dem Aufgabenblatt sollte folgende Einleitung stehen:

- Sucht in der Stadt die Punkte, die auf der Karte eingezeichnet sind, und löst die dazugehörige Aufgabe.
- Überlegt vorher, welche Punkte ihr anlaufen wollt, da ihr in der zur Verfügung stehenden Zeit nur einen Teil der Aufgaben lösen könnt.
- Beachtet die Verkehrsregeln. Benutzt also Ampeln und Zebrastreifen!
- Bleibt als Gruppe zusammen und seid zum festgelegten Zeitpunkt wieder im Klassenraum.

Wichtiger Hinweis: Schulrechtlich absichern!

37 Turmbau

Baustein

Kooperation

Typ	Kooperationsspiel
Ort	Drinnen
Dauer	50 bis 70 min
Altersstufe	Ab 10 Jahre
Teilnehmerzahl	Pro Gruppe: 4 bis 6
Ziele	Zusammenarbeit einüben, die verschiedenen Fähigkeiten der Gruppenmitglieder zur gemeinsamen Lösung einer Aufgabe nutzen
Material	Pro Gruppe: 40 DIN-A4-Blätter, 2 Scheren, Klebstoff
	Pro Schüler: Arbeitsblatt »Auswertung der Gruppenarbeit« (M6)

Die Klasse wird in Vierer- bis Sechsergruppen eingeteilt (Möglichkeiten zur Gruppenbildung siehe unter Baustein Nr. 61). Jede Gruppe erhält 40 DIN-A4-Blätter, 2 Scheren und Klebstoff und soll mit diesen Materialien in einer vereinbarten Zeit (20 bis 40 min) einen möglichst hohen und stabilen Turm bauen.

Nach der Bauphase werden die Konstruktionen der Gesamtgruppe präsentiert und erläutert. Der Lehrer sollte darauf achten, dass die einzelnen Bauwerke gewürdigt, aber nicht negativ bewertet werden (also auch keinen Sieger festlegen!).

Abschließend wird gemeinsam über das Arbeitsklima und die Zusammenarbeit in den Gruppen reflektiert. Dazu können die Schüler das Arbeitsblatt »Auswertung der Gruppenarbeit« (M6) ausfüllen.

Wackelturm

38

Baustein

Kooperation

Typ	Kooperationsspiel, Koordinationsspiel
Ort	Drinnen
Dauer	25 bis 40 min
Altersstufe	Ab 10 Jahre
Teilnehmerzahl	6 bis 30
Ziele	Gemeinsam ein Ziel erreichen, sich gegenseitig motivieren
Material	50 Holzquader

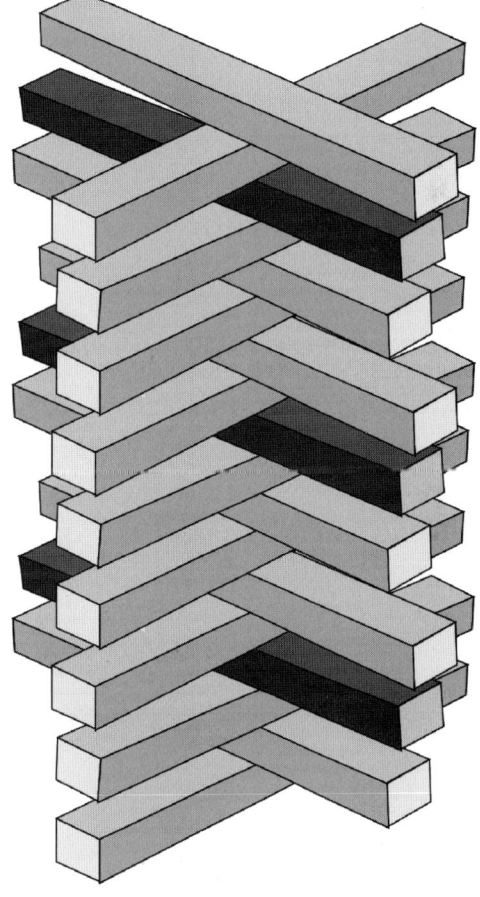

Vorbereitung: Die Klasse sitzt in einem Stuhlkreis. Jeder Schüler bekommt einen Holzquader.

Durchführung: Die Gruppe hat die Aufgabe, die Holzquader in der Mitte des Stuhlkreises zu einem Turm aufzuschichten. Dabei gelten folgende Regeln:
- Die Holzquader müssen im rechten Winkel auf den direkt darunterliegenden Holzquader gelegt werden.
- Nur der Holzquader, der ganz oben liegt, darf noch einmal ausgerichtet werden.
- Während ein Mitspieler in Aktion ist, müssen die anderen auf ihren Stühlen sitzen bleiben.
- Jedes Gruppenmitglied ist eingebunden – es darf seinen Holzquader nicht an einen anderen abgeben.
- Die Klasse muss sich absprechen, wer wann an der Reihe ist.
- Erst wenn alle Holzquader verbraucht sind, dürfen die Teilnehmer für die nächste Runde neues Material holen.
- Wenn der Turm umfällt, beginnt der Bau von vorne.

Hinweis: Die Gruppe kann bei erneuten Versuchen probieren, ihre alte Rekordmarke zu brechen.

Reflexion: Die Klasse kann im Gesprächskreis die Übung auswerten.

Bauanleitung zur Herstellung der Holzquader:
Gehobeltes Weißholz (H: 2 cm; B: 5 cm) aus einem Baumarkt in 15-Zentimeter-Stücke sägen. Fertig sind die Holzquader. Bei Bedarf einölen oder lasieren, damit sie bei Gebrauch nicht so schnell schmutzig werden.

39 Zusammenrücken

Baustein

Kooperation

Typ	Kooperationsspiel
Ort	Drinnen, draußen
Dauer	15 bis 20 min
Altersstufe	Ab 12 Jahre
Teilnehmerzahl	10 bis 30
Ziele	Zusammenarbeit einüben, Zusammengehörigkeitsgefühl stärken, aufeinander achten
Material	Klebeband oder Gymnastikreifen

Die Jugendlichen haben die Aufgabe, sich als gesamte Gruppe mindestens 5 Sekunden in einen markierten Kreis (z. B. Gymnastikreifen) zu stellen. Der Boden außerhalb des Kreises darf von den Spielern nicht betreten oder berührt werden.

Größenverhältnisse (Teilnehmerzahl – Kreisdurchmesser):
- 10 bis 15 Personen: ca. 80 cm (Gymnastikreifen)
- 16 bis 20 Personen: ca. 100 cm
- 21 bis 25 Personen: ca. 120 cm
- 26 bis 30 Personen: ca. 140 cm

In einer Auswertungsphase kann darüber nachgedacht werden, wie die Gruppe vorgegangen ist und welche Rollen die Einzelnen innehatten (z. B. Planer, Wortführer, Beobachter, Theoretiker, Praktiker etc.).

Putzlappenhockey ohne Regeln

40

Baustein

Regeln

Typ	Wettkampfspiel
Ort	Drinnen (auf glattem Fußboden)
Dauer	10 bis 45 min
Altersstufe	Ab 6 Jahre
Teilnehmerzahl	2 pro Spielrunde
Ziele	Sinn und Notwendigkeit von Regeln erfassen
Material	Putzlappen, 2 Stühle, 2 Besenstiele

Vor Spielanfang werden die zwei Besenstiele unauffällig in zwei gegenüberliegende Ecken gestellt, sodass die Jugendlichen die Besenstiele nicht als Utensilien für dieses Spiel wahrnehmen. Alle sitzen in einem großen Stuhlkreis. Zwei Jugendliche werden aus der Gruppe ausgewählt, die übrigen bleiben im Kreis sitzen. Ein Putzlappen wird in die Mitte des Kreises gelegt. Der Lehrer gibt das Startzeichen. Die Mitspieler werden wahrscheinlich verblüfft sein und darauf hinweisen, dass sie doch gar nicht wüssten, was zu tun sei. Nun kann der Lehrer die Gruppe mittels Fragen dahin führen, dass sie den Sinn und die Notwendigkeit von Regeln erkennt.

Wenn dieses Ziel erreicht ist, werden die Regeln für das Spiel festgelegt: Zwei Spieler treten gegeneinander an. Jeder bekommt einen Besenstiel. Der Putzlappen wird in die Mitte des Kreises gelegt. Zwei gegenüberstehende Stühle dienen als Tore. Auf ein Kommando hin muss jeder versuchen, den Putzlappen mittels Besenstiel in das gegnerische Tor zu führen.

In einer zweiten Runde kann mit neuen Spielpartnern darauf hingearbeitet werden, dass Regeln ebenfalls Chancengleichheit garantieren können: So kann man z. B. den Putzlappen in die Nähe eines Spielpartners legen, woraufhin der andere sich wahrscheinlich beschweren wird, das sei unfair.

In weiteren Runden können andere Paare nach den festgelegten Regeln gegeneinander antreten.

41 Regelpost

Baustein

Regeln

Typ	Kommunikationsspiel
Ort	Drinnen, draußen
Dauer	1 min pro Regel
Altersstufe	Ab 6 Jahre
Teilnehmerzahl	Mindestens 5
Ziele	Die festgelegten Gruppenregeln wiederholen und festigen
Material	————

Die Gruppe bildet einen Kreis. Der Lehrer sagt laut zu seinem linken Nachbarn eine Regel, die vorher als Gruppenregel anerkannt worden ist. Dabei haben beide Blickkontakt. Der Angesprochene dreht sich nun um und gibt die Regel wiederum laut an seinen linken Nachbarn weiter. Die »Regel-Post« wird nun im Kreis weitergetragen, bis sie wieder zum Absender kommt (vgl. das Kinderspiel »Stille Post«).

Der Hinweis, dass die »Regel-Post« als Eilsendung möglichst schnell wieder zum Ausgangspunkt zurückkehren muss, kann besonders zum Mitmachen motivieren. In weiteren Runden können die übrigen Regeln wiederholt und eingeprägt werden.

Im Verlauf des Spiels kann der »Absender« die Senderichtung wechseln, um noch mehr Spannung ins Spiel zu bringen.

Regelverabschiedung

Baustein 42

Regeln

Typ	Diskussion
Ort	Drinnen
Dauer	50 bis 70 min
Altersstufe	Ab 10 Jahre
Teilnehmerzahl	8 bis 30
Ziele	Den Sinn von Regeln begreifen, umsetzbare bzw. sinnvolle Regeln für das Projekt erarbeiten
Material	Tafel, Abstimmungszettel, Plakate, dicker Eddingstift, Klebeband

Achtung! Setzt Baustein 43 voraus.

Die Regelvorschläge aus der letzten Einheit werden nochmals an die Tafel geschrieben. Nun wird eine Regel nach der anderen von den Jugendlichen daraufhin überprüft, ob sie sinnvoll ist. Die Vorschläge, für die keine einmütige Zustimmung gefunden wird oder die von mindestens 30% der Schüler sowieso nicht einzuhalten sind, werden gestrichen. In einer geheimen Abstimmung schreibt nun jeder auf seinen Abstimmungszettel zwei der übrig gebliebenen Regelvorschläge, die ihm am wichtigsten erscheinen.

Die fünf am häufigsten genannten Regeln werden als Klassenregeln auf Plakate geschrieben. Vom Lehrer werden die »Fifty-fifty-Regel« und die »Auszeitregel« zu den fünf verabschiedeten Regeln hinzugefügt. Anschließend werden die Klassenregeln als Zeichen der Anerkennung von allen unterschrieben und sichtbar aufgehängt. Der Lehrer weist darauf hin, dass im Laufe des Projekts neue Regeln ergänzt werden können.

Hinweis: Die **»Fifty-fifty-Regel«** besagt, dass 50% dessen, was im Projekt ablaufen und erarbeitet werden soll, vom Lehrer, die anderen 50% jedoch von der Klasse eingebracht werden.
Die **»Auszeitregel«** besagt, dass derjenige, der eine Regel verletzt, nicht bestraft wird, sondern eine Auszeit nehmen muss. Das bedeutet, dass er die Klassengemeinschaft verlassen und sich während seiner Auszeit über sein Störverhalten Gedanken machen muss. Wenn sich der »Auszeitler« seines Störverhaltens bewusst ist und wieder bereit ist, sich angemessen zu verhalten, kann er wieder am Gruppengeschehen teilnehmen.

43 Regelvorschläge

Baustein

Regeln

Typ	Gesprächskreis, Gruppenarbeit, Unterrichtsgespräch
Ort	Drinnen
Dauer	20 bis 35 min
Altersstufe	Ab 8 Jahre
Teilnehmerzahl	10 bis 30
Ziele	Den Sinn von Regeln erkennen, Regeln für das Projekt erarbeiten
Material	Tafel

Zunächst äußern die Jugendlichen, wo es überall Regeln gibt (z. B. Fußball, Straßenverkehr, Schule etc.). Danach wird gemeinsam darüber nachgedacht, warum es überhaupt Regeln gibt (z. B. damit keiner zu Schaden kommt, für Chancengleichheit, für geordneten Ablauf statt Chaos etc.). Der Lehrer sollte auf das Fazit hinarbeiten, dass die Klasse für das Miteinander in diesem Projekt ebenfalls Regeln benötigt.

In Kleingruppen (3 bis 4 Personen pro Gruppe) sollen die Jugendlichen überlegen, welche Regeln ihrer Meinung nach wichtig sind, damit alle in diesem Projekt gut miteinander auskommen können. Die Jugendlichen sollen ebenfalls darüber nachdenken, was zu tun ist, wenn jemand die Regeln nicht einhält. Für diese Kleingruppenarbeit sind 10 min ausreichend. Anschließend werden alle Regelvorschläge an der Tafel gesammelt. Der Lehrer weist darauf hin, dass bei einer Abstimmung in der nächsten Einheit aus diesen Regelvorschlägen die endgültigen Regeln ausgewählt werden.

Hinweis: Der Lehrer sollte sich die Regelvorschläge für die nächste Einheit notieren.

Augenduell

44

Baustein

Selbsterfahrung

Typ	Konzentrationsspiel, Sensibilisierungsspiel, Wettkampfspiel
Ort	Drinnen
Dauer	Ca. 1 min pro Duell
Altersstufe	Ab 8 Jahre
Teilnehmerzahl	2 pro Duell
Ziele	Selbstbeherrschung einüben
Material	Klebeband oder Kreide

Die Schüler bilden einen großen Stuhlkreis. Zwei Freiwillige stehen sich im Stuhlkreis mit möglichst viel Abstand gegenüber. Auf ein Kommando hin gehen sie wie bei einem Westernduell langsam aufeinander zu, ohne dabei den Blickkontakt zu unterbrechen oder zu lachen. In der Mitte angekommen bleiben sie Nasenspitze an Nasenspitze fünf bis zehn Sekunden stehen. Dann kehren beide wieder mit anhaltendem Blickkontakt rückwärts zu ihrem Ausgangspunkt zurück. Wer während des Duells zuerst lacht oder den Blick abwendet, hat verloren. Der Sieger eines Duells kommt eine Runde weiter.

Variation: Wenn man das Spiel nicht als Ausscheidungsturnier durchführen möchte, kann man das Spiel auch folgendermaßen spielen: Zwei Spielpartner gehen langsam aufeinander zu und schauen sich in die Augen. Fängt einer der beiden an zu lachen oder wendet den Blick vom anderen ab, wird an dieser Stelle auf dem Boden ein Klebestreifen geklebt oder ein Kreidestrich gezogen. Diese Markierungen fordern die nachfolgenden Paare dazu heraus, diese Marke zu überbieten.

45 Begegnung mit Sicherheitsabstand

Baustein

Selbsterfahrung

Typ	Sensibilisierungsspiel, Wahrnehmungsspiel
Ort	Drinnen
Dauer	Pro Teilnehmer ca. 1 min
Altersstufe	Ab 12 Jahre
Teilnehmerzahl	5 bis 30
Ziele	Körpersprache und Gefühle anderer wahrnehmen, eigene Gefühle benennen können
Material	———

Durchführung: Alle Teilnehmer stehen nebeneinander mit dem Gesicht zur Wand oder außerhalb des Raumes vor der Tür. In der Mitte des Raumes, ca. 5 m von den anderen entfernt, steht die Lehrkraft, die schlecht gelaunt (wütend-aggressiv) aussieht. Nun dreht sich ein Teilnehmer um (oder: wird von draußen hereingerufen) und geht langsam auf die Lehrkraft zu, wobei er immer in die Augen der Lehrkraft schaut. Sobald der Teilnehmer sich unsicher fühlt, bleibt er stehen, verharrt noch einen Augenblick im Blickkontakt und setzt sich dann wieder auf seinen Platz. Danach kommt der Nächste dran.
Beim zweiten Durchgang vermittelt die Lehrkraft, dass sie gut gelaunt (fröhlich) ist, beim dritten, dass sie traurig ist.

Reflexion: Abschließend kann man nach den Ursachen für die unterschiedlichen Abstände der Teilnehmer in den drei Durchgängen forschen sowie die unterschiedlichen Gefühle erarbeiten, die die Schüler in den drei Durchgängen erlebt haben.
Wichtig ist der Hinweis, dass jeder Mensch eine gewisse räumliche Distanz zu anderen Menschen als angenehm empfindet. Wenn eine andere Person diesen Wohlfühlabstand nicht einhält und in das unsichtbare »Revier« eindringt, fühlt man sich bedrängt oder provoziert. Dieses Wissen ist besonders wichtig für Situationen, bei denen Menschen wütend oder aggressiv sind. Hier gilt es besonders, den Sicherheitsabstand zu wahren (mindestens eine Armlänge des Gegenübers, besser noch mehr).

Der Weg zum Stuhl

46

Baustein

Selbsterfahrung

Typ	Konzentrationsspiel, Selbsterfahrungsspiel, Sensibilisierungsspiel
Ort	Drinnen
Dauer	Pro Teilnehmer 1 min
Altersstufe	Ab 10 Jahre
Teilnehmerzahl	8 bis 30
Ziele	Eigene Gefühle benennen können, Schwäche erleben, zu seiner Schwäche stehen können
Material	Stuhl, Augenbinde

Ein Stuhl wird an eine Wand gestellt, wobei die Rückenlehne in Richtung Raum zeigt. Fünf Meter von diesem Stuhl entfernt wird auf dem Fußboden mit einer Linie der Startplatz markiert. Ein Teilnehmer geht jetzt auf den Stuhl zu und zählt laut seine Schritte mit. Am Stuhl angekommen, bleibt er stehen und fasst mit beiden Händen an die Rückenlehne. Nun geht er zurück zum Ausgangspunkt und bekommt die Augen verbunden. Er soll nun blind mit genau der vorher benötigten Schrittzahl den Stuhl erreichen und mit beiden Händen an die Rückenlehne fassen.

Die Erfahrung ist die, dass fast alle kleinere Schritte als zuvor machen und somit den Stuhl nicht erreichen. Wichtig ist, dass jeder an dem Punkt die Augenbinde abzieht, an dem er stehengeblieben ist. Der Teilnehmer wird überrascht sein, dass er doch noch so weit vom Stuhl entfernt ist. Anschließend kann man ihn fragen, warum er ihn wohl nicht erreicht hat.

Variation: Der Teilnehmer läuft auf den Lehrer zu, zählt wiederum seine Schritte, springt kurz vor dem Lehrer in die Luft, kommt wieder auf und klatscht mit seinen Händen gegen die vor der Brust gehaltenen Hände des Lehrers. Anschließend vollzieht er die gleiche Prozedur blind.

47 Fantasiereise

Baustein

Selbsterfahrung

Typ	Meditation, Selbsterfahrungsspiel, Fantasiespiel
Ort	Drinnen (freier Raum)
Dauer	20 bis 30 min
Altersstufe	Ab 12 Jahre
Teilnehmerzahl	5 bis 30
Ziele	Fantasie anregen, Gefühle erleben, seinen eigenen Körper wahrnehmen, sich selbst besser kennenlernen, sich entspannen, etwas Neues erleben
Material	Fantasiereise – Unter Wasser schwimmen (M30), CD-Player, meditative Musik, Decken

Eine Fantasiereise gliedert sich in **drei Phasen**:

1. Entspannungsphase – Hinführung zur Reise
2. Reisephase – die eigentliche Reise
3. Aufwachphase – Rückkehr in die Realität

Wichtige Punkte zur **Durchführung** von Fantasiereisen:

1. Verlesen des Textes der Fantasiereise, zum Beispiel »Unter Wasser schwimmen« (M30), vorher üben
2. In einem Raum eine angenehme und störungsfreie Atmosphäre schaffen (Kissen und Matten auslegen, eventuell Raum leicht abdunkeln)
3. Teilnehmer sollten sich bequem hinlegen oder setzen
4. Teilnehmer darauf hinweisen, dass sie jederzeit aus der Fantasiereise aussteigen können
5. Ruhige, leise Hintergrundmusik passend zur Fantasiereise einsetzen
6. Der Stimme beim Verlesen der Fantasiereise einen weichen und sanften Klang geben
7. Langsam sprechen und nach jedem Satz eine Pause einlegen, damit die Teilnehmer die Bilder vor ihren inneren Augen entstehen lassen können
8. Die Fantasiereise sollte insgesamt nicht länger als 20 min dauern

In einer anschließenden **Auswertungsphase** können die Teilnehmer von ihren Erlebnissen während der Fantasiereise berichten.

Kletteraktion

48

Baustein

Selbsterfahrung

Typ	Kooperationsübung, Selbsterfahrungsübung
Ort	An einem Felsen
Dauer	Mehrere Stunden (mit Anreise ein ganzer Tag)
Altersstufe	Ab 12 Jahre
Teilnehmerzahl	8 bis 15 (bei größeren Gruppen teilen)
Ziele	Eigene Grenzen erleben, Angst überwinden, Vertrauen erleben, ein Erfolgserlebnis haben, Zusammenarbeit einüben, Zusammengehörigkeitsgefühl stärken
Material	1 Kletterausrüstung pro Person (Klettergurt, Helm, Schraubkarabiner, Abseilachter, eventuell Kletterschuhe), Abseilhaken, 2 Kletterseile (45 m), Schraubkarabiner, Bandschlingen

Achtung! Mindestens eine Begleitperson muss eine Zusatzqualifikation im Bereich Bergsteigen/Klettern haben!

An einem Felsen sollen die Gruppenmitglieder einzeln abgeseilt werden. Bevor dies geschehen kann, müssen der Gruppe genaue Instruktionen gegeben werden (Anlegen der Kletterausrüstung, Sicherheitsregeln, Vorgehen).

Es sollte darauf geachtet werden, dass die anderen Gruppenmitglieder beim Abseilen eines Gruppenmitgliedes mit eingebunden werden (z. B. Sichern).

Variante: Auf einen Felsen klettern.

Hinweis: Bei diesem Baustein bietet sich allein aus Sicherheitsgründen Teamteaching an.

49 Körperhaltungen und Gefühle

Baustein — Selbsterfahrung

Typ	Sensibilisierungsspiel, Wahrnehmungsspiel
Ort	Drinnen im Stuhlkreis
Dauer	Bis 30 min
Altersstufe	Ab 10 Jahre
Teilnehmerzahl	Bis 30
Ziele	Sich bewusst werden, was Körperhaltungen ausdrücken können und wie sich das auf die Kommunikation auswirkt
Material	———

Der Lehrer führt zunächst an einem praktischen Beispiel (z. B. Müdigkeit) vor, was mit Körperhaltung gemeint ist und was sie vermittelt. Dann sollen die Teilnehmer verschiedene Körperhaltungen einnehmen.

Anweisungsmöglichkeiten sind:
- Sitzt gerade und mit hoch erhobenem Kopf auf der Stuhlkante.
- Sitzt zurückgelehnt mit hoch erhobenem Kopf, schlagt die Beine übereinander und verschränkt die Arme.
- Sitzt zurückgelehnt, lasst den Kopf hängen, stützt euer Kinn auf eine Hand.
- Stellt euch aufrecht hin, Füße etwas auseinander, haltet den Kopf hoch, verschränkt die Arme, nehmt die Schultern zurück.
- Stellt euch hin, verschränkt die Arme hinter dem Rücken, lasst den Kopf und die Schultern hängen.
- Stellt euch mit verkreuzten Beinen hin, steckt die Hände in die Taschen und senkt euren Kopf.
- Stellt euch aufrecht hin, Füße etwas auseinander, stützt eure Hände auf die Hüften.

Nach jeder Position wird die betreffende Haltung kurz ausgewertet. Hilfsfragen:
- Wie fühlt ihr euch, wenn ihr diese Körperhaltung einnehmt?
- Welchen Eindruck macht diese Körperhaltung auf andere?
- In welchen Situationen nimmt man wohl diese Haltung ein?
- Ist diese Haltung typisch für Mädchen? Oder eher für Jungen? Für alle?

Anschließend können die Schüler dazu angeregt werden, andere Haltungen einzunehmen, die wie zuvor ausgewertet werden.

Spiegelbild

50

Baustein

Selbsterfahrung

Typ	Konzentrationsspiel, Selbsterfahrungsspiel, Sensibilisierungsspiel, Wahrnehmungsspiel
Ort	Drinnen
Dauer	10 bis 15 min
Altersstufe	Ab 8 Jahre
Teilnehmerzahl	8 bis 30
Ziele	Genau auf den anderen achten, den anderen wahrnehmen, sich auf den anderen einlassen
Material	CD-Player, ruhige Musik

In einem Raum werden alle Gegenstände (Tische, Stühle, Taschen etc.) an die Seite gestellt, sodass eine möglichst große freie Fläche entsteht. Die Schüler suchen sich einen Partner. Die Partner verteilen sich gleichmäßig im Raum, wobei sie sich gegenüberstehen. Einer der beiden Partner hat nun die Aufgabe, alles das, was sein Gegenüber tut, als Spiegelbild nachzumachen. Die Schüler dürfen sich im gesamten Raum bewegen. Der Lehrer sollte darauf hinweisen, dass die Schüler mit langsamen Bewegungen beginnen sollten, weil zu schnelle Bewegungen schwieriger zu spiegeln sind.

Nach 1 bis 2 min wechseln die beiden Partner ihre Rolle: Der Gespiegelte wird nun Spiegelbild, das Spiegelbild nun selbst zum Gespiegelten.

Hinweise: Um die Motivation zu halten, sollten die Rollen (Gespiegelter – Spiegelbild) mehrmals wechseln. Während der Übung kann ruhige Hintergrundmusik abgespielt werden.
Sexistische oder obszöne Gesten sollten nicht zugelassen werden.

51 Theater der Gefühle

Baustein

Selbsterfahrung

Typ	Darstellspiel, Sensibilisierungsspiel, Wahrnehmungsspiel
Ort	Drinnen
Dauer	20 bis 30 min
Altersstufe	Ab 10 Jahre
Teilnehmerzahl	Ab 5
Ziele	Eigene Gefühle und die Gefühle anderer wahrnehmen, für Körpersprache sensibilisieren
Material	Gefühlskarten (M8), möglichst so viele, wie Teilnehmer in der Gruppe sind

Die Gruppe sitzt im Halbkreis. Jeder Teilnehmer zieht eine Gefühlskarte, auf der ein Gefühl steht (z. B. »Ich bin traurig«). In einer kurzen Meditationssphase sollen die Teilnehmer an Situationen denken, in denen sie ein solches Gefühl erlebt haben, um sich so in das Gefühl hineinzufühlen.

Anschließend stellt jeder das zugeteilte Gefühl vor der Gruppe pantomimisch dar (wenn es gewünscht wird, darf auch ein Gegenstand oder die Stimme zu Hilfe genommen werden). Die anderen versuchen, das dargestellte Gefühl herauszufinden.

Abschließend soll in einem Unterrichtsgespräch erarbeitet werden, wie die Teilnehmer Gefühle zeigen und worauf sie achten, wenn sie Gefühle bei anderen erkennen wollen. An der Tafel können die Ergebnisse ungefähr folgendermaßen festgehalten werden (am besten zu verdeutlichen an einem Körperumriss):

- GESTIK: Körperhaltung, Kopf, Beine, Arme, Hände (locker, gespannt, verkrampft, zitternd)

- MIMIK: Gesichtsausdruck (Augen, Augenbrauen, Wangen, Nasenflügel, Lippen), Gesichtsfarbe (rot, blass)

- STIMME: Stimmlage, Geschwindigkeit

Variation: Die Gefühle können von der Teamern dargestellt und von der Gruppe erraten werden. In einer anschließenden Partnerarbeit können die Jugendlichen sich gegenseitig Gefühle darstellen und von ihrem Partner erraten lassen.

Vertrauensfall

52

Baustein

Selbsterfahrung

Typ	Kooperationsübung, Vertrauensübung
Ort	Drinnen, draußen
Dauer	15 bis 25 min
Altersstufe	Ab 12 Jahre
Teilnehmerzahl	10 bis 20 (bei größeren Gruppen teilen)
Ziele	Unsicherheit und Vertrauen erleben, Zusammengehörigkeitsgefühl stärken
Material	Tisch

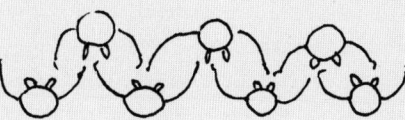

Achtung! Dieses Spiel kann sehr gefährlich werden, wenn die Regeln nicht eingehalten werden. Deshalb sollte man diese Übung nur dann durchführen, wenn das Verhältnis der Jugendlichen untereinander intakt ist. Ebenso sollte man niemanden zur Teilnahme zwingen!
Die kräftigsten Fänger und auch die Lehrperson sollten dort in der Reihe stehen, wo das Hinterteil des Fallenden landen wird.

Alle Schüler sollten zunächst scharfe Gegenstände wie Uhren, größere Ohrringe, dicke Gürtelschnallen ablegen. Schulter an Schulter stellen sie sich dann in zwei Reihen gegenüber auf (60 bis 80 cm Reihenabstand, mindestens 10 Schüler). Sie ordnen ihre Arme wie bei einem Reißverschluss an, fassen sich aber <u>nicht</u> an den Händen. Zudem stellen sie sich stabil und mit leicht federnden Knien auf, um Gelenkverletzungen zu vermeiden.

Auf einem stabilen Tisch steht ein Schüler, der sich rückwärts mit gestreckter Haltung (!) in die Arme der Fänger fallen lässt. Dabei wird das folgende Ritual eingehalten:

- Der Fallende verschränkt seine Hände vor der Brust ineinander, damit die Fänger nicht verletzt werden.

- Der Fallende fragt die Fänger: »Seid ihr bereit?«

- Wenn die Fänger bereit sind, antworten sie: »Ja. Wir sind bereit.«

- Der Fallende sagt: »Ich falle!« und lässt sich fallen.

53 Was mir wichtig ist

Baustein — Werte und Ziele

Typ	Einschätzspiel, Kennenlernspiel, Wettkampfspiel
Ort	Drinnen
Dauer	35 bis 45 min
Altersstufe	Ab 10 Jahre
Teilnehmerzahl	6 bis 30
Ziele	Sich besser kennenlernen, eigene und fremde Wertevorstellungen entdecken, Standpunkte einnehmen, Empathie entwickeln
Material	Entscheidungsscheiben (M24), Träume (M25), Eigenschaften (M26), Statements (M27), Klassenschülerliste

Vorbereitung: Die Teilnehmer bilden einen Stuhlkreis. Jeder erhält eine Entscheidungsscheibe (M24). Der Spielleiter erklärt das Spiel.

Durchführung: Der Spielleiter wählt für die erste Runde eine Kategorie aus dem Fragenkatalog (M25 bis M27) aus. Er liest die erste Frage für den ersten Teilnehmer vor. Der Schüler entscheidet sich im Stillen auf einer Skala von 0 bis 5 (0 = trifft überhaupt nicht zu; 5 = trifft absolut zu), inwiefern er der Frage zustimmt. Er stellt die entsprechende Zahl auf seiner Entscheidungsscheibe ein, ohne dass die anderen die Zahl sehen können, und legt sie verdeckt auf seinen Oberschenkel. Zeitgleich überlegen die anderen, für welchen Wert ihr Mitschüler sich entscheidet, wählen die entsprechende Zahl jeweils auf ihrer eigenen Entscheidungsscheibe aus und legen sie ebenfalls verdeckt auf die Oberschenkel. Auf Kommando zeigen alle ihre Scheiben.

Punktewertung: Jeder Schüler, der sich für den gleichen Wert ausgesprochen hat, bekommt zwei Punkte; derjenige, dessen Wert um eins differiert, bekommt einen Punkt (Beispiel: Schüler A schätzt sich selbst bei 4 ein. Alle, die auch 4 getippt haben, bekommen zwei Punkte gutgeschrieben. Diejenigen, die 5 oder 3 geschätzt haben, erhalten einen Punkt. 2, 1, und 0 gehen leer aus). Der Spielleiter trägt die Punkte auf der Schülerliste ein.

Weiterer Spielverlauf: Nach der Punkteverteilung ist der zweite Spieler an der Reihe (im Uhrzeigersinn!) usw. Eine Runde ist beendet, wenn alle Schüler sich selbst einmal einschätzen konnten. Wenn die Gruppe noch motiviert ist, können weitere Runden mit neuen Fragekategorien gespielt werden. Am Ende gibt der Spielleiter bekannt, wer seine Mitschüler am besten einschätzen konnte.

Variante: Statt der Entscheidungsscheiben können die Schüler ihre Zahlen auch auf ein Blatt schreiben. Hier ist natürlich dann Ehrlichkeit gefragt.

Bauanleitung »Entscheidungsscheibe« (M24): Schneiden Sie die beiden Sechsecke aus, wobei Sie bei dem einen Sechseck das graue Feld ebenfalls ausschneiden. Legen Sie anschließend die beiden Sechsecke passend aufeinander (Zahlensechseck unten!) und machen Sie mithilfe einer Lochzange ein Loch in die Mitte, durch das Sie eine Musterbeutelklammer (Büromaterial) stecken. Fertig ist eine Entscheidungsscheibe.

Werteversteigerung

54

Baustein

Werte und Ziele

Typ	Kommunikationsspiel, Auktion, Wettkampfspiel
Ort	Drinnen
Dauer	30 bis 40 min
Altersstufe	Ab 10 Jahre
Teilnehmerzahl	8 bis 30
Ziele	Entscheidungen treffen, sich bewusst werden, welche Werte einem selbst und anderen wichtig sind
Material	Karten »Werte« (M22), Spielgeld (M23), kleiner Hammer, Tisch

Vorbereitung: Der Klassenraum wird zu einem Auktionsraum umgestaltet (Tisch mit Stuhlreihen davor). Die Schüler nehmen in den Stuhlreihen Platz. Die Lehrkraft ist der Auktionator und liest alle zu versteigernden Werte vor, damit die Schüler schon mal im Vorfeld wissen, welche Werte sie interessieren. Jeder Teilnehmer erhält 100,- € Spielgeld. Der Auktionator hält Wechselgeld bereit.

Durchführung: Jeder Wert wird nun folgendermaßen versteigert: Der Wert wird vom Auktionator laut vorgelesen. Wer an diesem Wert interessiert ist, steigert mit. Dabei gelten folgende Gebotsregeln:
- bis 20,- € mindestens in Einer-Schritten
- zwischen 20,- € und 50,- € mindestens in Fünfer-Schritten
- ab 50,- € mindestens in Zehner-Schritten

Der Auktionator wiederholt die Gebote und zeigt auf den jeweiligen Bieter, der das aktuell höchste Gebot hält. Wenn Pausen eintreten, nennt er den höchstgenannten Betrag (Bsp.: »60,- € zum Ersten, zum Zweiten und zum Dritten.«). Bei »zum Dritten« schlägt er mit dem Hammer auf den Tisch und der betreffende Bieter bekommt den Zuschlag. Wenn vor dem Zuschlag (»zum Dritten«) höhere Gebote genannt werden, beginnt die Prozedur wieder von vorne (Bsp.: »70,- € zum Ersten, zum Zweiten ...«) bis ein Bieter nicht mehr von einem anderen überboten wird und den Zuschlag erhält. Der Wert wird sofort bezahlt und geht in den Besitz des Teilnehmers über. Danach wird der nächste Wert vorgestellt und versteigert.

Wichtiger Hinweis: Jeder muss mit seinem Startguthaben von 100,- € auskommen und darf sich kein Geld von anderen leihen.

Auswertungsrunde: Jeder Teilnehmer stellt kurz seinen wichtigsten Wert, den er ersteigert hat, vor und begründet, warum ihm dieser wichtig ist. Er kann auch einen Wert nennen, der ihm am wichtigsten ist, welchen er aber nicht ersteigern konnte.

55 Wo ich hin will

Baustein — Werte und Ziele

Typ	Unterrichtsgespräch, Einzelarbeit, Partnerarbeit
Ort	Drinnen
Dauer	55 bis 65 min
Altersstufe	Ab 12 Jahre
Teilnehmerzahl	6 bis 30
Ziele	Den Sinn von Zielen entdecken, Ziele und die dazugehörigen Schritte entwickeln, Berufsfindungsprozess fördern
Material	OHP-Folie »Ziele« (M28), Arbeitsblätter »Ziele erarbeiten« (M29)

Hinführung anhand der OHP-Folie »Ziele«: Die Lehrkraft deckt den Satz »Wer nicht genau weiß, wo er hin will, kommt meistens dort an, wo er gar nicht hin will« auf. Die Schüler interpretieren diese These und reflektieren darüber, ob diese Aussage stimmen könnte.

Danach bespricht der Lehrer die vier Aspekte, die man im Blick haben muss, wenn man ein Ziel erreichen will:

- *Das Ziel ist mir wichtig:* Ziele, die einem selbst nichts bedeuten (z. B. die einem von anderen aufdiktiert worden sind) werden oft nicht motiviert angegangen. Dagegen wird man Ziele, die einem selbst wirklich wichtig sind (z. B. ein Konzert der Lieblingsband besuchen), eher erreichen können.
- *Das Ziel ist eindeutig formuliert:* Eindeutig formulierte Ziele (z. B.: »In den nächsten drei Wochen will ich 4 kg abgenommen haben.«) motivieren mehr und sind später besser zu überprüfen als ungenaue Zielsetzungen (z. B.: »Ich muss mal wieder abnehmen!«).
- *Das Ziel ist für mich realistisch:* Man muss das Ziel mit seinen eigenen Möglichkeiten umsetzen können und nicht z. B. einen Lottogewinn dazu benötigen. Unrealistische Ziele (z. B.: »Ich will der beste Fußballer der Welt werden.«) sind von vornherein schon zum Scheitern verurteilt.
- *Das Ziel ist in Etappenziele aufgegliedert:* Damit das große Ziel nicht unerreichbar scheint, ist eine Aufteilung in mehrere kleine Schritte sinnvoll. Dies motiviert und man erlebt zwischendurch kleine Erfolgserlebnisse, wenn man schon mal an einem Etappenziel angekommen ist.

Abschließend werden die vier Schritte der Zielsetzung besprochen. Hierzu ist es angebracht, die Schritte mithilfe eines konkreten Beispiels zu verdeutlichen (z. B. Mofa kaufen, Playstation kaufen).

Anwendung: Die Schüler erarbeiten in Einzel- oder Partnerarbeit selbst gewählte Ziele (z. B. Versetzung schaffen, Note in einem Fach verbessern, Lehrstelle bekommen) mithilfe des Arbeitsblattes »Ziele erarbeiten«. Anschließend können die Ergebnisse in Kleingruppen oder exemplarisch im Plenum vorgestellt und besprochen werden.

Deine Fähigkeiten

56

Baustein

Wertschätzung

Typ	Einzelarbeit, Partnerarbeit
Ort	Drinnen
Dauer	20 bis 25 min
Altersstufe	Ab 10 Jahre
Teilnehmerzahl	Variabel
Ziele	Sich eigener Fähigkeiten bewusst werden, sich in andere hineinversetzen, andere einschätzen
Material	Arbeitsblätter »Was du gut kannst« (M5), ein Stift pro Teilnehmer

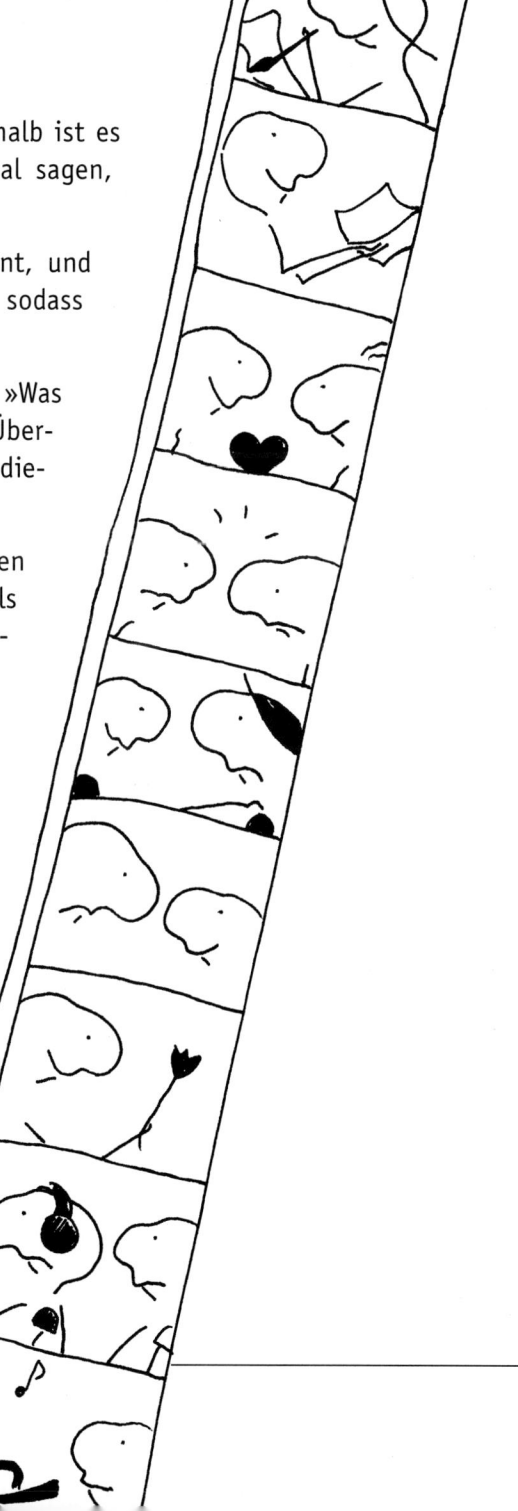

Der Lehrer gibt folgende Anweisungen:

- Oft weiß man gar nicht, was man gut kann. Deshalb ist es hilfreich, wenn andere Menschen einem auch mal sagen, was ihnen Gutes an uns auffällt.

- Sucht euch nun einen Partner, den ihr gut kennt, und setzt euch zu zweit mit euren Stühlen zueinander, sodass ihr euch anschauen könnt.

- Füllt bitte zunächst jeder für sich das Arbeitsblatt »Was du gut kannst« für euren Gesprächspartner aus. Überlegt, welche Stärken und Fähigkeiten er hat. Für diese Arbeitsphase habt ihr 10 min Zeit.

- Teilt euch dann gegenseitig mit, was ihr über den anderen aufgeschrieben habt. Dafür habt ihr jeweils 5 min Zeit. Ich werde euch nach 5 min den Wechsel anzeigen.

- Überreicht anschließend das Arbeitsblatt eurem Partner.

57 Markt der Fähigkeiten

Baustein

Wertschätzung

Typ	Individualspiele
Ort	Drinnen
Dauer	Flexibel
Altersstufe	Ab 10 Jahre
Teilnehmerzahl	Mindestens 5, wobei einer spielt
Ziele	Eigene Fähigkeiten entdecken, Selbstwertgefühl des Einzelnen durch die Gruppe stärken
Material	Apfel, DIN-A4-Blätter, Fußball, Hammer, Holzblock, Knopf, Krawatte, Messer, Nadel, Nägel, Seil, Stifte, Stoffstück, Springseil, 2 Stühle, Tisch, Tischtennisball, Tischtennisschläger, Zwirn, 3 Spielebons pro Schüler

Die Gruppe setzt sich so in einen Stuhlkreis, dass in der Mitte eine »Manege« entsteht. Jeder Schüler erhält drei Spielebons. Für jede Aufgabe, die er lösen will, muss er einen Spielebon abgeben. Mithilfe der begrenzten Anzahl von Bons wird verhindert, dass z. B. der Klassenclown alle Aufgaben an sich reißt. Der Spielleiter stellt eine Aufgabe und fragt in die Runde, wer es sich zutraut, diese Aufgabe zu lösen. Der Freiwillige tritt in die »Manege« und versucht, die Aufgabe zu lösen. Abschließend bekommen die Akteure Applaus.

Aufgabenpool:
- Fußball jonglieren • Handstand machen • Apfel so schälen, dass die Schale an einem Stück bleibt • Einen guten, aber anständigen Witz erzählen • Porträt des Klassenlehrers malen • Beim Armdrücken gegen einen Erwachsenen gewinnen • Seil auf Boden mittels der Füße zu einem Knoten binden • Knopf annähen • Krawatte binden • Nagel mit einem Hammer in Holzblock schlagen • Mit der Zunge die Nasenspitze berühren • Papierschiff basteln • Mathematikaufgabe lösen: 14 Schüler essen zusammen 35 Brötchen. Wie viel Brötchen essen 16 Schüler? 40 Brötchen • Tischtennisball mittels Tischtennisschläger zehnmal in die Luft schlagen, ohne dass der Ball auf der Erde aufkommt • Zehnmal Seil springen

Als abschließendes Fazit soll festgehalten werden: »Wir alle haben Fähigkeiten und können etwas. Wir unterscheiden uns in dem, was wir können. Wir sind also unterschiedliche Menschen mit unterschiedlichen Fähigkeiten. Und jeder von euch hat besondere Fähigkeiten, die so kein anderer hat.«

Hinweis: Bei einigen Spielen (z. B. Karikatur) muss nicht die Ausführung, sondern nur das Ergebnis in der Manege dargeboten werden.

Meine Fähigkeiten

Baustein 58

Wertschätzung

Typ	Einzelarbeit
Ort	Drinnen
Dauer	10 bis 15 min
Altersstufe	Ab 10 Jahre
Teilnehmerzahl	Variabel
Ziele	Sich die eigenen Fähigkeiten bewusst machen
Material	Arbeitsblätter »Was ich gut kann« (M4), ein Stift pro Teilnehmer

Jeder Teilnehmer soll für sich überlegen, was er gut kann. Die festgestellten Fähigkeiten schreibt jeder für sich auf das Arbeitsblatt »Was ich gut kann«. Der Lehrer sollte darauf hinweisen, dass die Notizen nicht veröffentlicht werden müssen.

Anschließend kann kurz darüber reflektiert werden, ob es einfach oder schwer war, sich über die eigenen Fähigkeiten Gedanken zu machen.

59 Verteilung der Urkunden

Baustein

Wertschätzung

Typ	Plenum
Ort	Drinnen
Dauer	5 bis 10 min
Altersstufe	Ab 10 Jahre
Teilnehmerzahl	Variabel
Ziele	Die Teilnehmer für ihr Engagement bezüglich des Projektes würdigen
Material	Urkunden (M32), Buttons (Durchmesser: 5,5 cm; mit Vorder- und Rückteil, Klarsichtfolie), Vorlage für Buttons (M33), Button-Maschine, Kreisschneidevorrichtung

Der Lehrer überreicht in einem feierlichen Akt den Teilnehmern die Teilnahmeurkunden.
Außerdem sollte jeder Schüler einen »Cool bleiben statt zuschlagen!«-Button erhalten. Eine Button-Maschine kann eventuell bei den örtlichen Jugendämtern, Jugendhäusern oder Jugendverbänden (z. B. CVJM, EC, EJW) ausgeliehen werden.

Urkunde

_____

hat vom _____ bis zum _____

am Schulprojekt

Cool bleiben statt zuschlagen!

teilgenommen.

_____ _____ _____
Schulleitung   Schulstempel   Projektleitung

Auswertung des Schulprojekts

Baustein 60

Sonstiges

Typ	Einzelarbeit, Schülerstatements
Ort	Drinnen
Dauer	25 bis 35 min
Altersstufe	Ab 10 Jahre
Teilnehmerzahl	Bis 30
Ziele	Das Projekt reflektieren und auswerten
Material	Auswertungsbögen (M31)

Die Schüler werten anonym das Projekt in einer Einzelarbeit auf einem Auswertungsbogen aus (ca. 15 bis 20 min). Anschließend können die Schüler vor der Gruppe freiwillig ein kurzes, mündliches Statement zum Projekt abgeben.

M31 Auswertung des Projekts

»Cool bleiben statt zuschlagen!« – Deine Meinung ist gefragt!

1. Was fällt dir als Erstes ein, wenn du an das Projekt denkst?

2. Haben dir die Spiele gefallen?
   ○ ja ○ es geht so ○ nein

3. Wie ist das Miteinander in eurer Klasse im Vergleich zum Schuljahresanfang?
   ○ besser ○ wie am Anfang ○ schlechter

4. Hast du durch das Projekt deine Mitschülerinnen und Mitschüler besser kennengelernt?
   ○ ja ○ es geht so ○ nein

5. Kennst du jetzt besser deine Stärken und Schwächen?
   ○ ja ○ es geht so ○ nein

6. a) Welche Regel, die wir am Anfang des Projekts beschlossen hatten, wurde am besten eingehalten?
   b) Welche Regel am wenigsten?

7. Was willst du in Zukunft bei einem Streit anders machen?

8. Was hast du am besten gefunden? Was hat dich am meisten beeindruckt? Begründe bitte kurz.

9. Was hast du total schlecht gefunden? Was hat dich am meisten gestört? Begründe bitte kurz.

10. Hat sich deine Meinung zum Projekt im Laufe der Zeit verändert? Wenn ja, wie?

11. Gibt es etwas, das im Projekt nicht vorkam, deiner Meinung nach aber unbedingt vorkommen sollte?

12. Welche Schulnote würdest du diesem Projekt geben?

Wenn der Platz nicht ausreicht, benutze bitte die Rückseite. Vielen Dank für deine Mitarbeit!

61 Gruppenbildung

Baustein

Sonstiges

Typ	Kommunikationsspiel, Wahrnehmungsspiel, Kooperationsspiel
Ort	Drinnen, draußen
Dauer	5 min
Altersstufe	Ab 10 Jahre
Teilnehmerzahl	Bis 35
Ziele	Gruppen bilden
Material	———

Neben den klassischen Methoden der Gruppenbildung (der Lehrer setzt die Gruppen zusammen, die Schüler bilden Sympathiegruppen) gibt es noch andere Möglichkeiten:

1. Die Schüler gehen durch den Raum und müssen auf Kommando eines Teamers gleich große Gruppen mit verschiedenen Größen bilden, indem sie sich an den Händen anfassen. In der Schlussrunde wählt der Lehrer die Gruppengröße aus, die für die Gruppenarbeit benötigt wird.

2. Die Schüler sitzen in einem Stuhlkreis. Der Lehrer lässt die Schüler z. B. von eins bis fünf (= fünf Gruppen) abzählen.

3. Alle Schüler stehen auf und haben nun die Aufgabe, sich in einer Reihe dem Alter nach aufzustellen oder entsprechend dem Anfangsbuchstaben des Vornamens alphabetisch zu ordnen. Der Lehrer kann die Schüler, die nebeneinander stehen, zu Gruppen zusammensetzen.

4. Die Schüler stehen im Raum und bilden Neigungsgruppen (z. B. »Welche Zahnpasta benutzt du?«, »Welche Sportart schaust du am liebsten am Fernsehen an?«, »Welche Musikgruppe hörst du am liebsten?«, usw.).

Musikstück

62

Baustein

Sonstiges

Typ	Anfangsritual, Meditation
Ort	Drinnen
Dauer	3 bis 5 min
Altersstufe	Ab 8 Jahre
Teilnehmerzahl	Flexibel
Ziele	Den Anfang der Einheiten ritualisieren, zur Ruhe kommen, im Projekt ankommen
Material	CD-Player oder Kassettenrekorder, ruhige Musik

Zu Anfang jeder Einheit wird ein ruhiges Musikstück abgespielt. Die Schüler können während dieser Zeit im Gruppenraum ankommen und sich auf ihre Plätze begeben. Man sollte mit den Schülern vereinbaren, dass die Musik eine Ankommensphase ist, in der man sich langsam auf das Projekt einstellen kann, und dass alle nach der Musik ruhig sind, um einem Lehrer zuzuhören.

63 Putzlappenhockey

Baustein Sonstiges

Typ	Wettkampfspiel
Ort	Drinnen (auf glattem Fußboden)
Dauer	Flexibel
Altersstufe	Ab 6 Jahre
Teilnehmerzahl	2 pro Spielrunde
Ziele	Warm-up, Auflockerung nach längeren kognitiven Phasen (Gesprächsphase, Einzelarbeitsphase etc.)
Material	Putzlappen, 2 Stühle, 2 Besenstiele

Die Jugendlichen sitzen in einem großen Stuhlkreis. Zwei Mitspieler werden aus der Gruppe ausgewählt, damit sie gegeneinander antreten. Ein Putzlappen wird in die Mitte des Kreises gelegt. Zwei gegenüberstehende Stühle dienen als Tore. Die Spieler bekommen je einen Besenstiel.

Auf ein Kommando hin muss jeder versuchen, den Putzlappen mittels Besenstiel in das gegnerische Tor (Stuhl) zu führen. Wenn einer ein Tor geschossen hat, fängt das Spiel wieder von vorne an. Wer zuerst zwei Tore geschossen hat, hat gewonnen.

In weiteren Runden können andere Paare nach den festgelegten Regeln gegeneinander antreten. Dieses Spiel kann gut als Turnier gespielt werden.

Zauberholzblock

64

Baustein

Sonstiges

Typ	Darstellspiel, Fantasiespiel, Wahrnehmungsspiel
Ort	Drinnen
Dauer	10 bis 20 min
Altersstufe	Ab 8 Jahre
Teilnehmerzahl	5 bis 15 (bei größeren Gruppen teilen)
Ziele	Fantasie anregen, Beobachtungsfähigkeit stärken
Material	Holzblock (ca. 2,5 cm x 6 cm x 10 cm) oder Holzzylinder (Durchmesser: ca. 6 cm; Höhe: ca. 15 cm)

Alle sitzen im Kreis. In der Mitte liegt ein Holzblock: ein Zauberholzblock. Der Lehrer nimmt diesen Holzblock und verzaubert ihn, d.h. er stellt einen gedachten Gegenstand mittels des Holzblocks dar (z. B. Seife, Rasierapparat, Pralinenschachtel, Buch, Streichholzschachtel etc.). Die Beobachter versuchen herauszufinden, welcher Gegenstand dargestellt wird. Wer von den anderen Schülern den dargestellten Gegenstand erkennt, darf einen Freiwilligen bestimmen, der als Nächstes den Holzblock verzaubern darf.

Variation: Statt eines Holzblocks einen Holzzylinder verzaubern (z. B. Duschbürste, Wattestäbchen, Schlagzeugstab, Haltestange im Bus, Paddel, Scheibenwischer, Streichholz etc.).

Teil IV:
Materialien

M1	Logo/Projektposter	M19	Ärgermitteilung
M2	Autogrammjäger	M20	Freundliche Beschwerde
M3	Positive Eigenschaften	M21	Konfliktsituationen
M4	Was ich gut kann	M22	Werte
M5	Was du gut kannst	M23	Spielgeld
M6	Auswertung der Gruppenarbeit	M24	Entscheidungsscheibe
M7	Die vier Seiten einer Nachricht	M25	Träume
M8	Gefühlskarten	M26	Eigenschaften
M9	Zielscheiben	M27	Statements
M10	Streitdialog	M28	Ziele
M11	Versöhnungsdialog	M29	Ziele erarbeiten
M12	Gutes und schlechtes Zuhören	M30	Fantasiereise
M13	Gewalt oder keine Gewalt?		»Unter Wasser schwimmen«
M14	Situationskarten	M31	Auswertung des Projekts
M15	Gewalt	M32	Urkunde
M16	Gewaltformen	M33	Buttons
M17	Im Sog der Gewalt	M34	Blankoseite
M18	Eselpuzzle		

M1 Logo/Projektposter

Autogrammjäger

Suche jeweils eine Person, die einer der unten stehenden Aussagen zustimmt. Tausche dich mit der Person aus und lass dir die Zustimmung durch eine Unterschrift bestätigen.
(Jede Person darf nur einmal auf deinem Autogrammblatt unterschreiben!)

Finde eine Person, ...

... die gerne zu McDonald's geht.	... die gleich viele Geschwister hat wie du.
... die sich auf etwas in diesem Projekt freut.	... die ein Haustier hat.
... die in einem Verein Sport treibt.	... die gerne »The Simpsons« schaut.
... die schon einmal ein Bundesligaspiel in einem Fußballstadion gesehen hat.	... die Linkshänder ist.
... die ein Musikinstrument spielt.	... die das Fach Mathematik mag.
... die zu Fuß zur Schule geht.	... die sich schon einmal geschlagen hat.

M3 Positive Eigenschaften

 idealistisch, ideenreich, informiert, intelligent, interessant, interessiert, ironisch

 raffiniert, redegewandt, reiselustig, reizend, robust, romantisch, ruhig, rücksichtsvoll

 aktiv, anständig, artig, attraktiv, aufmerksam, aufrichtig, außerordentlich, ausgeglichen

 jugendlich, jung *oder evtl. den Anfangsbuchstaben des Nachnamens*

 schlagfertig, schlank, schlau, sorgfältig, sozial, spaßig, spontan, sportlich, stark, sympathisch

 bärenstark, bedeutend, begabt, begeistert, beliebt, besonnen, bewundernswert, brav

 kämpferisch, klug, komisch, konsequent, korrekt, kräftig, krass, kreativ, künstlerisch

 taktvoll, talentiert, tapfer, tatkräftig, temperamentvoll, tierlieb, tolerant, toll, treu, tüchtig

 charakterfest, charismatisch, charmant, christlich, clever, cool, couragiert

 lässig, lebensfroh, lebhaft, leistungsfähig, lebenswichtig, lernfähig, lieb, liebenswürdig, lustig

 uneigennützig, unerschrocken, ungewöhnlich, unfassbar, unternehmungslustig, unübertrefflich

 demütig, denkfähig, dezent, diszipliniert, dünn, duldsam, dynamisch

 menschlich, mild, mitfühlend, modebewusst, modern, munter, musikalisch, muskulös, mutig

 verantwortungsbewusst, verehrungswürdig, verlässlich, verzückt, vielgeliebt, vielseitig, vital

 ehrlich, einfühlsam, einmalig, engagiert, erfahren, erfolgreich, erfrischend, erwartungsvoll

 nachdenklich, naturverbunden, nett, neugierig, niedlich, nützlich

 wach, warmherzig, willensstark, witzig, wohltätig, wohlwollend, wortgewandt, würdevoll

 fabelhaft, fantasievoll, fantastisch, flexibel, feinfühlig, flink, fortschrittlich, freundlich, friedlich, fröhlich

 offen, offenherzig, optimistisch, ordentlich, organisiert, originell

 *Anfangsbuchstabe des Nachnamens*

 gebildet, genial, gesellig, gerecht, gewissenhaft, gewitzt, großzügig, gründlich, gut, gutmütig

 pfiffig, pflichtbewusst, poetisch, präzise, produktiv, professionell, putzmunter

 *Anfangsbuchstabe des Nachnamens*

 harmonisch, helle, hellwach, herzlich, hilfsbereit, hochkarätig, höflich, human, humorvoll

 qualifiziert, quicklebendig, quirlig *oder evtl. den Anfangsbuchstaben des Nachnamens*

 zackig, zärtlich, zart, zeitgemäß, zielsicher, zielstrebig, zuckersüß, zufrieden, zuvorkommend

Was ich gut kann

M4

....

....

....

....

....

....

....

....

....

....

....

....

Aufgabe: Schreibe für dich auf, was du gut kannst (zum Beispiel in deiner Freizeit, zu Hause, in der Schule oder sonst wo).
Du brauchst nicht alle Linien vollzuschreiben und du musst diese Liste niemandem zeigen.

M5 Was du gut kannst

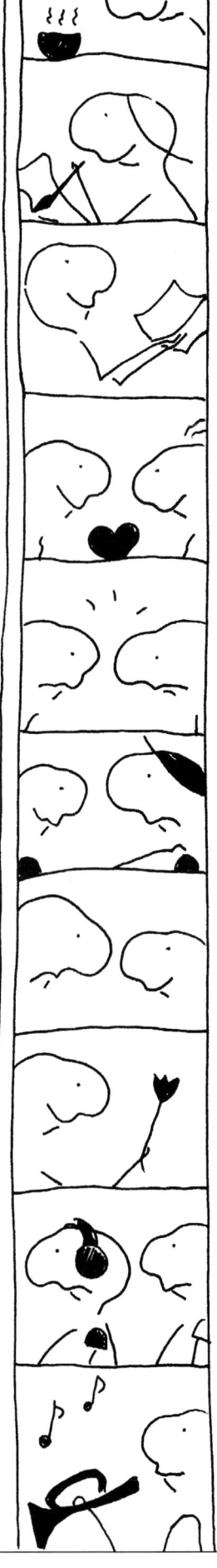

Deine Fähigkeiten, ...:

- ○ Du bist schlau.
- ○ Was du willst, tust du auch.
- ○ Du bist witzig.
- ○ Du bist stark.
- ○ Du hast gute Ideen.
- ○ Du kannst gut beobachten.
- ○ Du hast ein gutes Gedächtnis.
- ○ Du bist selbstbewusst.
- ○ Du bist sportlich.
- ○ Du kannst gut backen oder kochen.
- ○ Du kannst gut arbeiten.
- ○ Du hast handwerkliches Geschick.
- ○ Du hast künstlerisches Geschick.
- ○ Du bist musikalisch.
- ○ Du bist mutig.
- ○ Du bist großzügig.
- ○ Du bist nett.
- ○ Du bist freundlich.
- ○ Auf dich kann man sich verlassen.
- ○ Du machst anderen Mut.
- ○ Du bist offen zu anderen Menschen.
- ○ Du nimmst auf andere Rücksicht.
- ○ Du bist ordentlich und diszipliniert.
- ○ Du kannst gut zuhören, wenn andere Probleme haben.

- ○ Du hast einen gesunden Menschenverstand.
- ○ Du bist immer locker drauf.
- ○ Du bist für jeden Spaß zu haben.
- ○ Du kannst gut andere Menschen einschätzen.
- ○ Du verstehst Zusammenhänge sehr schnell (z. B. Mathematik).
- ○ Du kannst gut organisieren (z. B. Feten).
- ○ Du hast Ahnung von Technik (z. B. Computer).
- ○ Du bist warmherzig.
- ○ Du zeigst Mitgefühl mit anderen Menschen (z. B. sind dir andere nicht egal).
- ○ Du hast Geduld und Ausdauer.
- ○ Du verbreitest gute Laune.
- ○ Dich bringt nichts aus der Fassung.
- ○ Du kannst andere begeistern und mitziehen.
- ○ Du lässt dich nicht unterkriegen.
- ○ Du kannst dich gut in andere Menschen hineinversetzen.
- ○ Du kannst gut etwas so herrichten, dass es toll aussieht.

- ○ ....
- ○ ....
- ○ ....

Aufgabe:
Kreuze das an, was auf deine Gesprächspartnerin oder deinen Gesprächspartner zutrifft.

Auswertung der Gruppenarbeit

M6

Bewerte bitte eure Gruppenarbeit!
1. Bist du mit eurem Ergebnis zufrieden?
2. Konntest du deine Vorstellungen in eure Gruppenarbeit einbringen?
3. Wie habt ihr die Aufgaben verteilt?
4. Wenn ihr verschiedene Lösungsvorschläge hattet, wie habt ihr euch geeinigt?
5. Worüber hast du dich geärgert?
6. Worüber hast du dich gefreut?
7. Hat die Zusammenarbeit in deiner Gruppe gut geklappt?
8. Was müsstet ihr in Zukunft beachten, um eure Zusammenarbeit zu verbessern?

Bewerte bitte eure Gruppenarbeit!
1. Bist du mit eurem Ergebnis zufrieden?
2. Konntest du deine Vorstellungen in eure Gruppenarbeit einbringen?
3. Wie habt ihr die Aufgaben verteilt?
4. Wenn ihr verschiedene Lösungsvorschläge hattet, wie habt ihr euch geeinigt?
5. Worüber hast du dich geärgert?
6. Worüber hast du dich gefreut?
7. Hat die Zusammenarbeit in deiner Gruppe gut geklappt?
8. Was müsstet ihr in Zukunft beachten, um eure Zusammenarbeit zu verbessern?

Bewerte bitte eure Gruppenarbeit!
1. Bist du mit eurem Ergebnis zufrieden?
2. Konntest du deine Vorstellungen in eure Gruppenarbeit einbringen?
3. Wie habt ihr die Aufgaben verteilt?
4. Wenn ihr verschiedene Lösungsvorschläge hattet, wie habt ihr euch geeinigt?
5. Worüber hast du dich geärgert?
6. Worüber hast du dich gefreut?
7. Hat die Zusammenarbeit in deiner Gruppe gut geklappt?
8. Was müsstet ihr in Zukunft beachten, um eure Zusammenarbeit zu verbessern?

M7 Die vier Seiten einer Nachricht

BEZIEHUNGSAUSSAGE
(Wie stehe ich zu dem anderen?)

»**Ohne mich kannst du nicht Auto fahren. Du brauchst meine Hilfe!**«

*Beim Empfänger ausgelöstes Gefühl:
negativ*

SELBSTMITTEILUNG
(Was teile ich über mich selbst mit?)

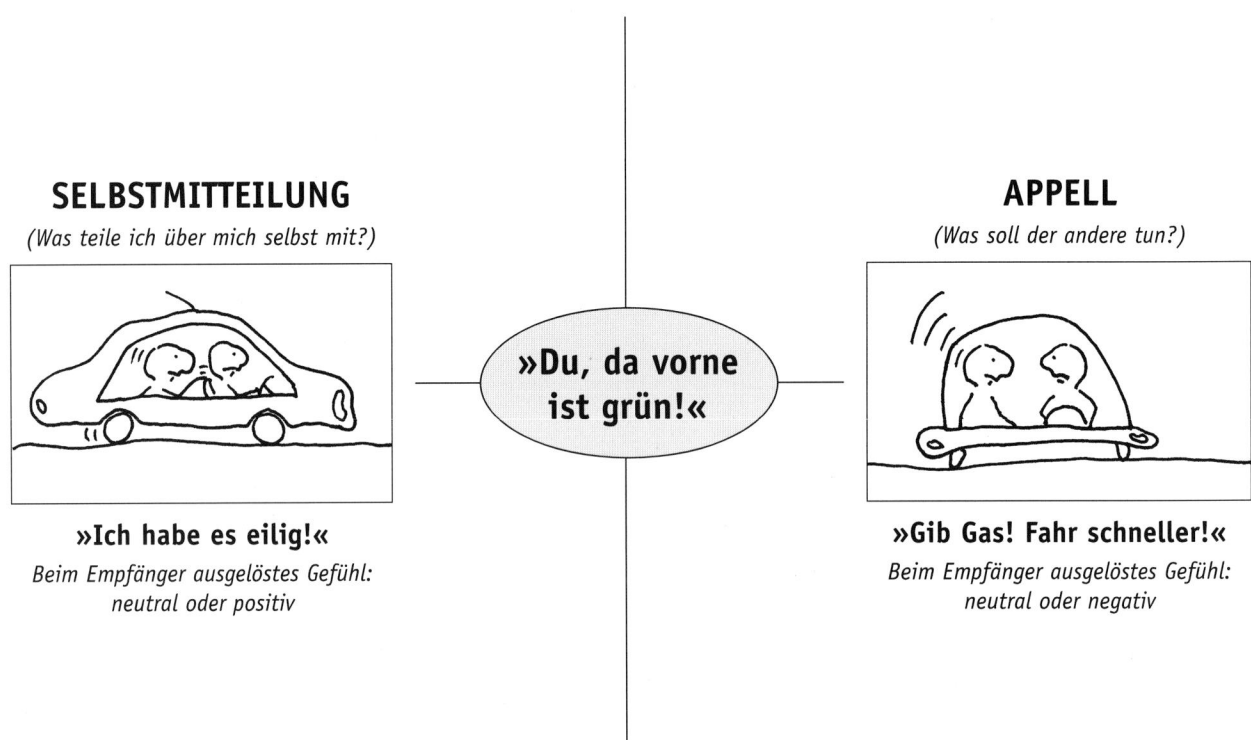

»**Du, da vorne ist grün!**«

»**Ich habe es eilig!**«

*Beim Empfänger ausgelöstes Gefühl:
neutral oder positiv*

APPELL
(Was soll der andere tun?)

»**Gib Gas! Fahr schneller!**«

*Beim Empfänger ausgelöstes Gefühl:
neutral oder negativ*

SACHAUSSAGE
(Worüber informiere ich den anderen?)

»**Die Ampel steht auf grün.**«

*Beim Empfänger ausgelöstes Gefühl:
neutral oder positiv*

Gefühlskarten 1

M8

Schneiden Sie die Karten aus.

M8 Gefühlskarten 2

Schneiden Sie die Karten aus.

Zielscheiben

M9

Vergrößern Sie jede Zielscheibe auf A3-Format.

M10 Streitdialog

A: ....

B: ....

  ....

A: ....

  ....

B: ....

  ....

A: ....

  ....

B: ....

  ....

A: ....

B: ....

A: ....

Aufgabe: Schreibt den Dialog so weiter, dass es zu einem Streit kommt.

Versöhnungsdialog

M11

A: ....

B: ....

....

A: ....

....

B: ....

....

A: ....

....

B: ....

....

A: ....

B: ....

A: ....

....

Aufgabe: Schreibt den Dialog so weiter, dass es zu einem versöhnlichen Ausgang kommt.

M12 Gutes und schlechtes Zuhören

| Woran merkst du, dass dir jemand gut zuhört? | Woran merkst du, dass dir jemand schlecht zuhört? |

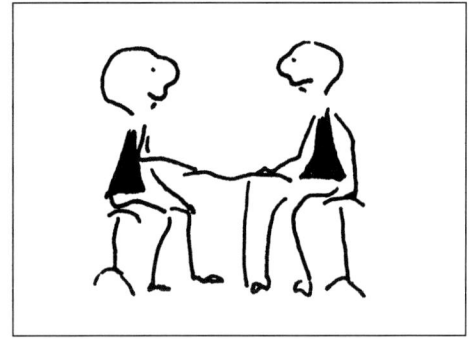 

| Wie fühlst du dich, wenn dir jemand gut zuhört? | Wie fühlst du dich, wenn dir jemand schlecht zuhört? |

Gewalt oder keine Gewalt? M13

Keine Gewalt

Gewalt

Kopieren Sie das Blatt auf DIN-A3-Format und schneiden Sie die Karten aus.

M14 Situationskarten 1

Ein Jugendlicher küsst seine Freundin, obwohl sie es nicht will.	**Eine Person verbreitet Gerüchte.**
Ein Autofahrer fährt zu schnell durch ein Wohngebiet.	**Ein Tischnachbar riecht äußerst unangenehm.**
Schüler dürfen auf dem Schulgelände nicht rauchen.	**Ein Jugendlicher erpresst einen anderen und droht mit Prügel.**
Ein Junge wird aus Spaß geschlagen und dabei gefilmt.	**Schüler beschießen andere mit Papierkügelchen.**

Kopieren Sie das Blatt auf DIN-A3-Format und schneiden Sie die Karten aus.

Situationskarten 2

M14

Ein Mann lässt seinen Kampfhund frei herumlaufen.	**Ein Schüler wird von anderen gemobbt.**
Ein Buschmann erlegt einen Löwen.	**Ein Kind schlägt in panischer Angst eine Wespe tot.**
Bei einem Fußballspiel foult einer seinen Gegenspieler.	**Ein Mädchen verpasst einem Jungen, der sie belästigt, eine Ohrfeige.**
Ein Schüler wird verpetzt und bekommt Ärger durch den Lehrer.	**Eine Lehrerin schreit einen Schüler an.**

Kopieren Sie das Blatt auf DIN-A3-Format und schneiden Sie die Karten aus.

M14 Situationskarten 3

Eine Person zeigt einer anderen den Mittelfinger.	**Ein Kinderschänder wird von den Eltern des ermordeten Kindes erschossen.**
Ein Schüler beschimpft einen anderen als Hurensohn.	**Eine Firma geht ins Ausland und entlässt alle Mitarbeiter in Deutschland.**
Demonstranten legen den Berufsverkehr in einer Großstadt lahm.	**Ein Schüler soll einem anderen seine Hausaufgaben geben.**
Schüler verstecken das Mäppchen eines Mitschülers.	**Politiker entscheiden sich, mehr Geld für Soldaten auszugeben.**

Kopieren Sie das Blatt auf DIN-A3-Format und schneiden Sie die Karten aus.

Situationskarten 4 M14

Ein Jugendlicher raucht in einem Nichtraucherabteil.	**Eine Schülerin wird aufgrund ihrer Kleidung ausgegrenzt.**
Ein Schüler wird ausgelacht, weil er eine falsche Antwort gegeben hat.	**Ein Polizist erschießt einen Selbstmordattentäter.**
Eine Firma lässt unbemerkt giftiges Abwasser in einen Fluss.	**Ein Schüler hindert andere durch störendes Verhalten am Lernen.**
Sicherheitskräfte schlagen in einem Stadion auf randalierende Fans ein.	**Die Regierung beschließt, die Steuern zu erhöhen.**

Kopieren Sie das Blatt auf DIN-A3-Format und schneiden Sie die Karten aus.

M15 Gewalt

Gewaltdefinition

Gewalt ist eine Handlung
gegen den Willen anderer
mit dem Ziel der Ausgrenzung,
Verletzung und Demütigung
ohne Regeln oder Schiedsrichter.

(Fachstelle Gewaltprävention Freiburg)

Formen von Gewalt

- **Körperliche Gewalt**
    - Kneifen, Schläge, Tritte usw.
    - Gebrauch von Waffen
    - Zerstörung von Gegenständen

- **Verbale Gewalt**
    - Schimpfworte
    - Drohungen
    - Demütigungen

- **Seelische Gewalt**
  Gezielte Verunsicherung und Einschüchterung
  durch Provokationen, Drohgesten, Erpressungen
  oder Ausgrenzungen (z. B. Mobbing)

- **Strukturelle Gewalt**
  Übergeordnete, gesellschaftliche oder rechtliche Bedingungen,
  die als ständiger Druck empfunden werden
  (z. B. Gesetze, Leistungsdruck, Armut, Krieg)

Gewaltformen — M16

Körperliche Gewalt

Verbale Gewalt

Seelische Gewalt

Strukturelle Gewalt

Kopieren Sie das Blatt auf DIN-A3-Format und schneiden Sie die Karten aus.

M17 Im Sog der Gewalt

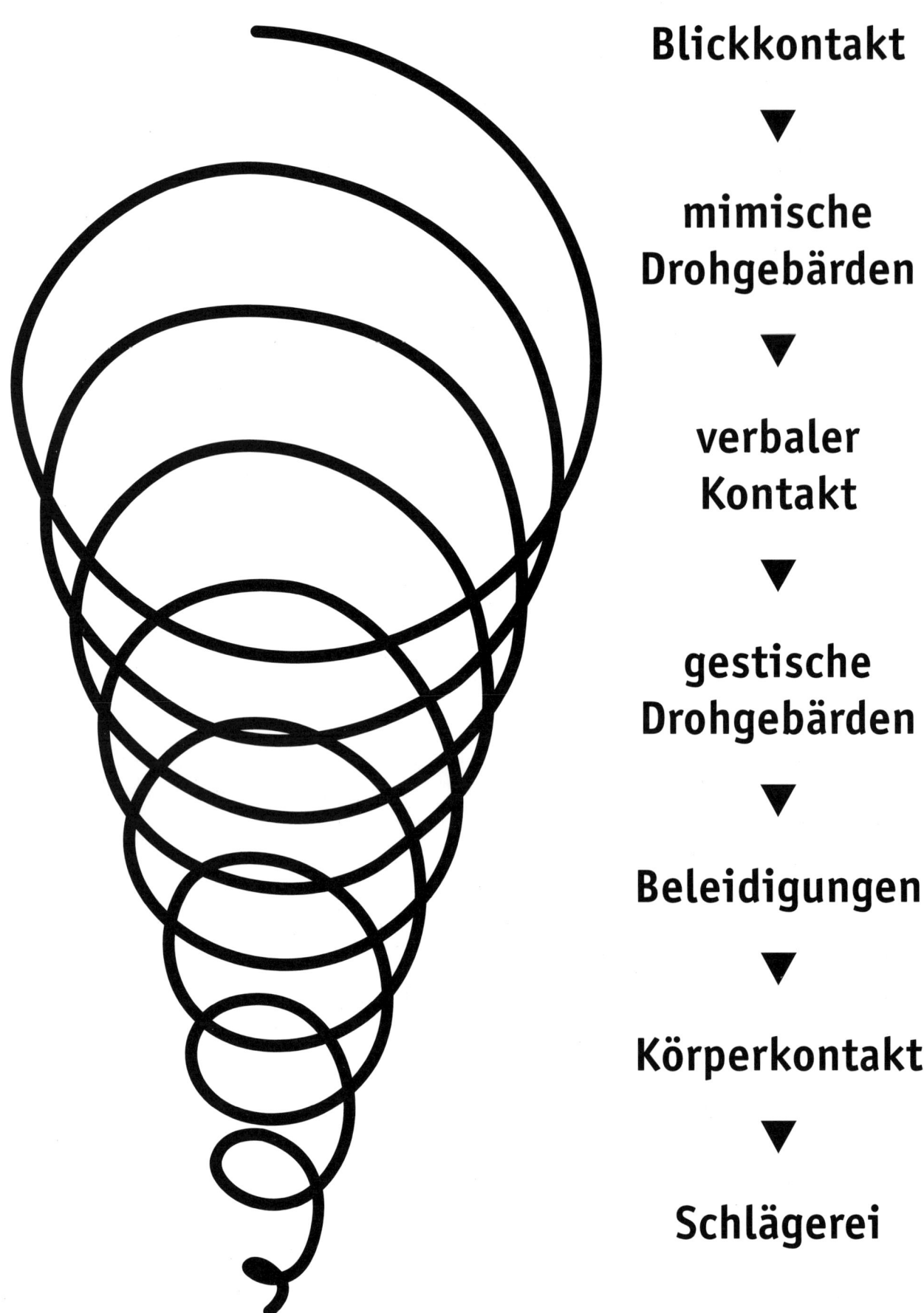

Blickkontakt
▼
mimische Drohgebärden
▼
verbaler Kontakt
▼
gestische Drohgebärden
▼
Beleidigungen
▼
Körperkontakt
▼
Schlägerei

Eselpuzzle

M18

Zerschneiden Sie die Puzzleteile und stecken Sie sie in einen Umschlag.

M19 Ärgermitteilung

Ausgangssituation:

Eine Person rempelt aus Versehen eine andere in der Fußgängerzone an.

Beispiel für eine aggressive Anmache:

»Was soll denn das, du Vollidiot! Willst du eine verpasst kriegen?«

Die aggressive Anmache beleidigt, verletzt und provoziert die andere Person und fordert sie heraus. Dadurch wird der Konflikt meistens verschärft und möglicherweise mit körperlicher Gewalt ausgetragen. Außerdem wird dem anderen unterstellt, dass er einen mit Absicht angerempelt hat.

Beispiel für eine freundliche Beschwerde:

① Tat benennen

Sage dem anderen in einer Du-Botschaft, was dich gestört oder gekränkt hat:
»Du hast mich eben angerempelt.«

② Gefühl benennen

Sage dem anderen in einer Sachbotschaft, warum dich das gestört hat:
»Das hat mir wehgetan.«

③ Gewünschtes Handeln benennen

Sage dem anderen, was er tun soll:
»Pass doch bitte in Zukunft auf, dass das nicht wieder passiert.«

Die freundliche Beschwerde benennt die Tat ①, das ausgelöste Gefühl ② und das gewünschte Handeln ③, ohne die andere Person zu beleidigen und damit ebenso zu verletzen. Dadurch wird nur das Verhalten, nicht aber die Person selbst kritisiert.

Ziel der freundlichen Beschwerde ist die gewaltfreie Lösung eines Konflikts.

Freundliche Beschwerde

M20

① Tat benennen
Sage dem anderen,
was dich gestört oder gekränkt hat.

② Verletzung benennen
Sage dem anderen,
warum dich das gestört hat.

③ Gewünschtes Handeln benennen
Sage dem anderen,
was er tun soll.

M21 Konfliktsituationen

In einem Gespräch nennt dich jemand einen Spinner.	Jemand bekleckert deine Hose mit Eis.
Jemand verpetzt dich bei einem Lehrer.	Jemand erscheint unpünktlich zu einer Verabredung.
Jemand tritt dir im Bus auf deine neuen Schuhe.	Jemand macht sich über dich lustig, sodass andere mitlachen.
Jemand nimmt dir deine Baseballmütze weg.	Jemand wirft dir im Sportunterricht einen Ball gegen den Kopf.
Jemand drängelt sich in der Warteschlange vor dem Kiosk vor.	Jemand gibt dir eine DVD, die du ihm geliehen hast, in einem defekten Zustand zurück.
Jemand nimmt sich einen Stift aus deinem Mäppchen, ohne dich zu fragen.	Jemand liest deine SMS auf deinem Handy.
Jemand beleidigt dich.	Jemand zieht in einem Zugabteil seine Schuhe aus und es riecht äußerst unangenehm.
Jemand setzt sich auf deinen Platz.	Jemand versteckt deine Tasche, in der Unterlagen sind, die du gleich bei deinem Lehrer abgeben musst.
Auf der Kirmes spricht ein Junge deine Freundin an.	Eine Person stört und behindert dich und deinen Freund beim Billardspielen.
Im Sportunterricht wirst du gefoult.	Du bist schlecht gelaunt und eine andere Person provoziert dich.

Kopieren Sie das Blatt auf DIN-A3-Format und schneiden Sie die Karten aus.

Werte 1 — M22

Anerkennung	Familie
Bücher	Freiheit
Chillen	Freundschaft
Cleverness	Frieden
Computer	Geborgenheit
Coolness	Geld
Ehre	Gerechtigkeit
Ehrlichkeit	Gesundheit

Kopieren Sie das Blatt auf DIN-A3-Format und schneiden Sie die Karten aus.

M22 Werte 2

Gott	Humor
Gute Lehrer	Intelligenz
Gute Noten	Liebe
Guter Beruf	Lob
Gutes Aussehen	Macht
Gutes Zusammenleben	Markenklamotten
Handy	Musik
Haus	Ordnung

Kopieren Sie das Blatt auf DIN-A3-Format und schneiden Sie die Karten aus.

Werte 3 — M22

Partnerschaft	Urlaub
Party	Vernunft
Ruhe	Verständnis
Schlaf	Wissen
Sicherheit	Xbox/Playstation
Spaß	Zeit
Sport	Zivilcourage
Stärke	Zufriedenheit

Kopieren Sie das Blatt auf DIN-A3-Format und schneiden Sie die Karten aus.

M23 Spielgeld 1

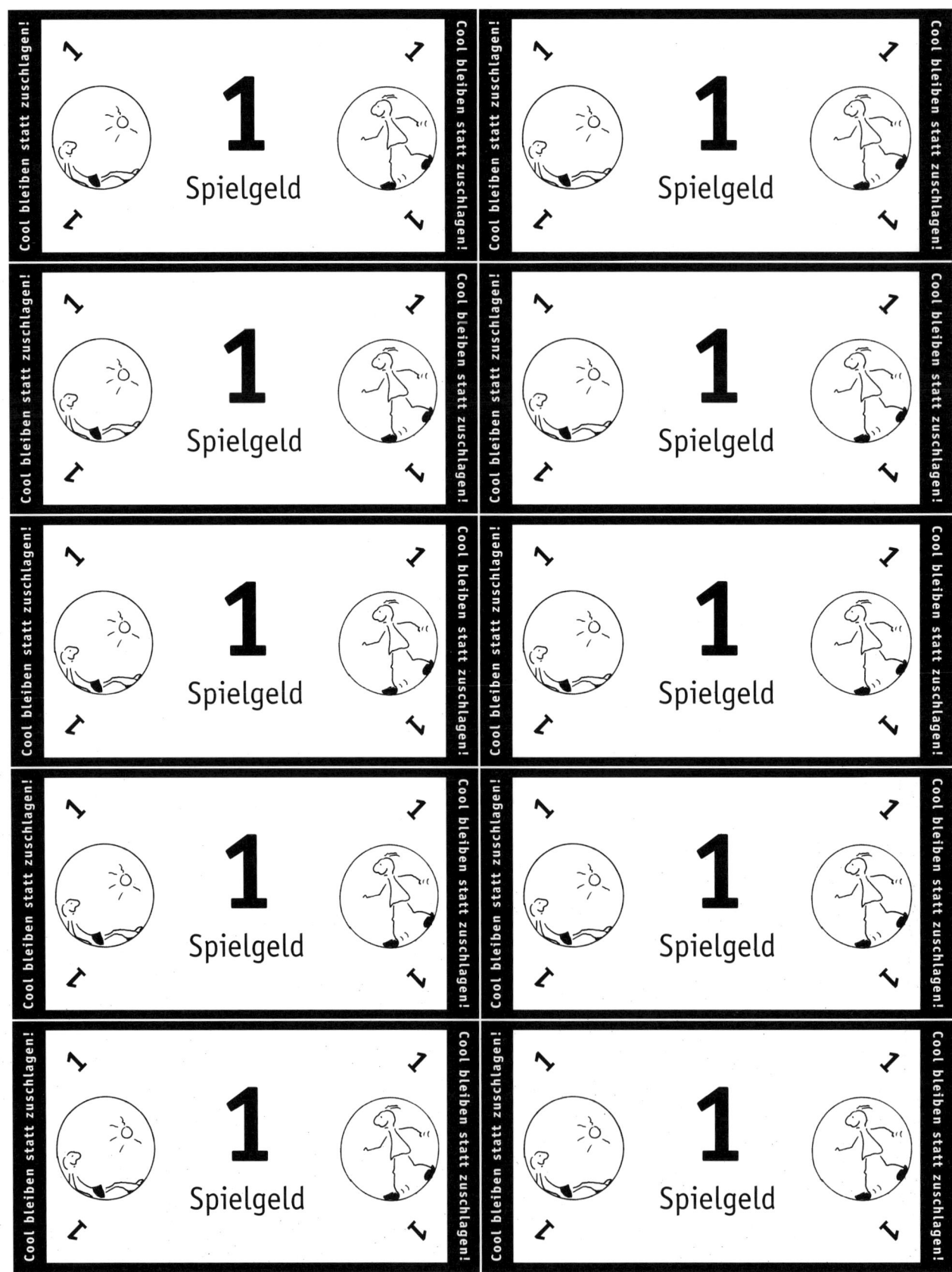

Kopieren Sie das Blatt nach Bedarf und schneiden Sie die Geldscheine aus.

Spielgeld 2

M23

Kopieren Sie das Blatt nach Bedarf und schneiden Sie die Geldscheine aus.

M23 Spielgeld 3

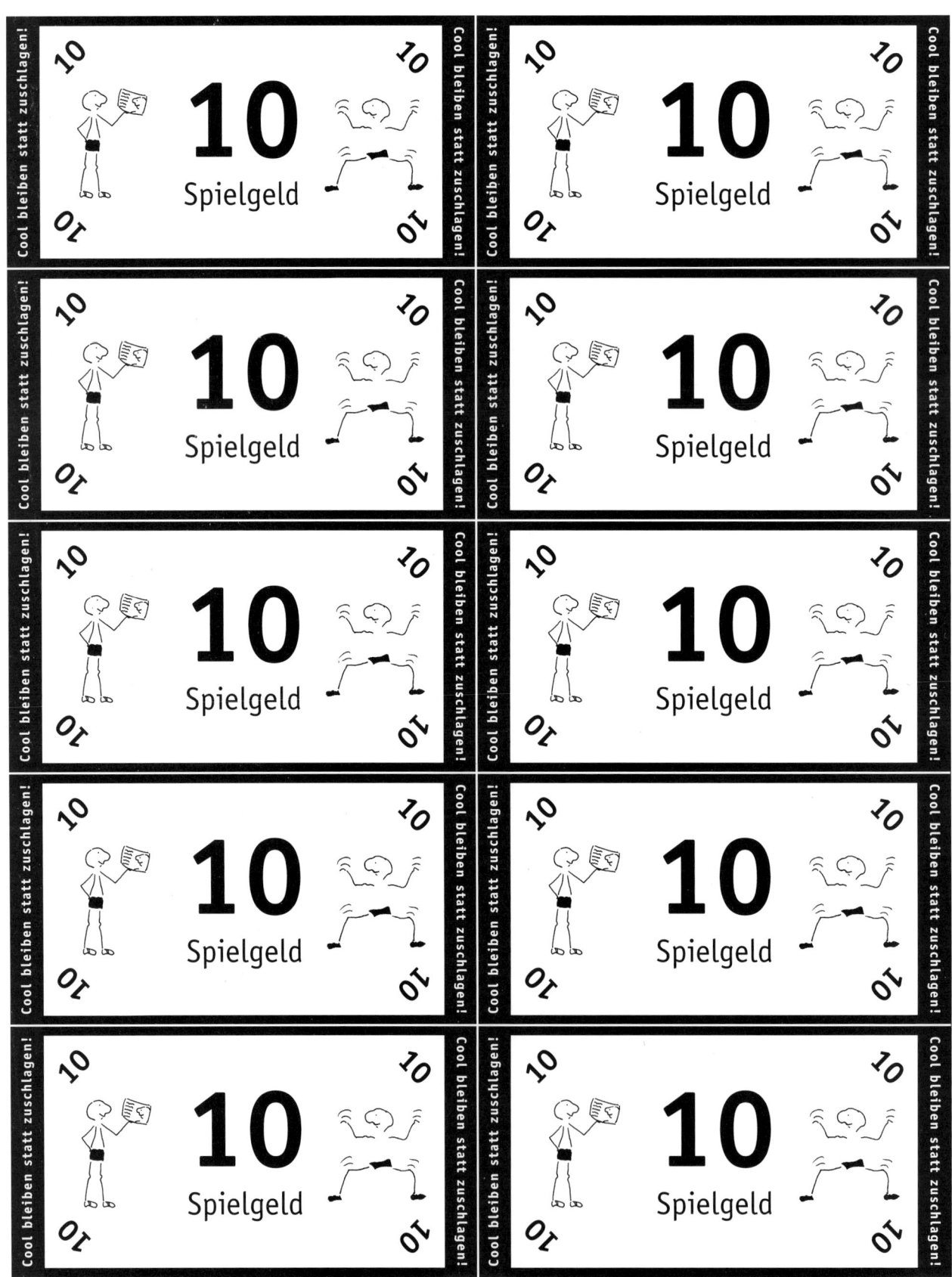

Kopieren Sie das Blatt nach Bedarf und schneiden Sie die Geldscheine aus.

Spielgeld 4 M23

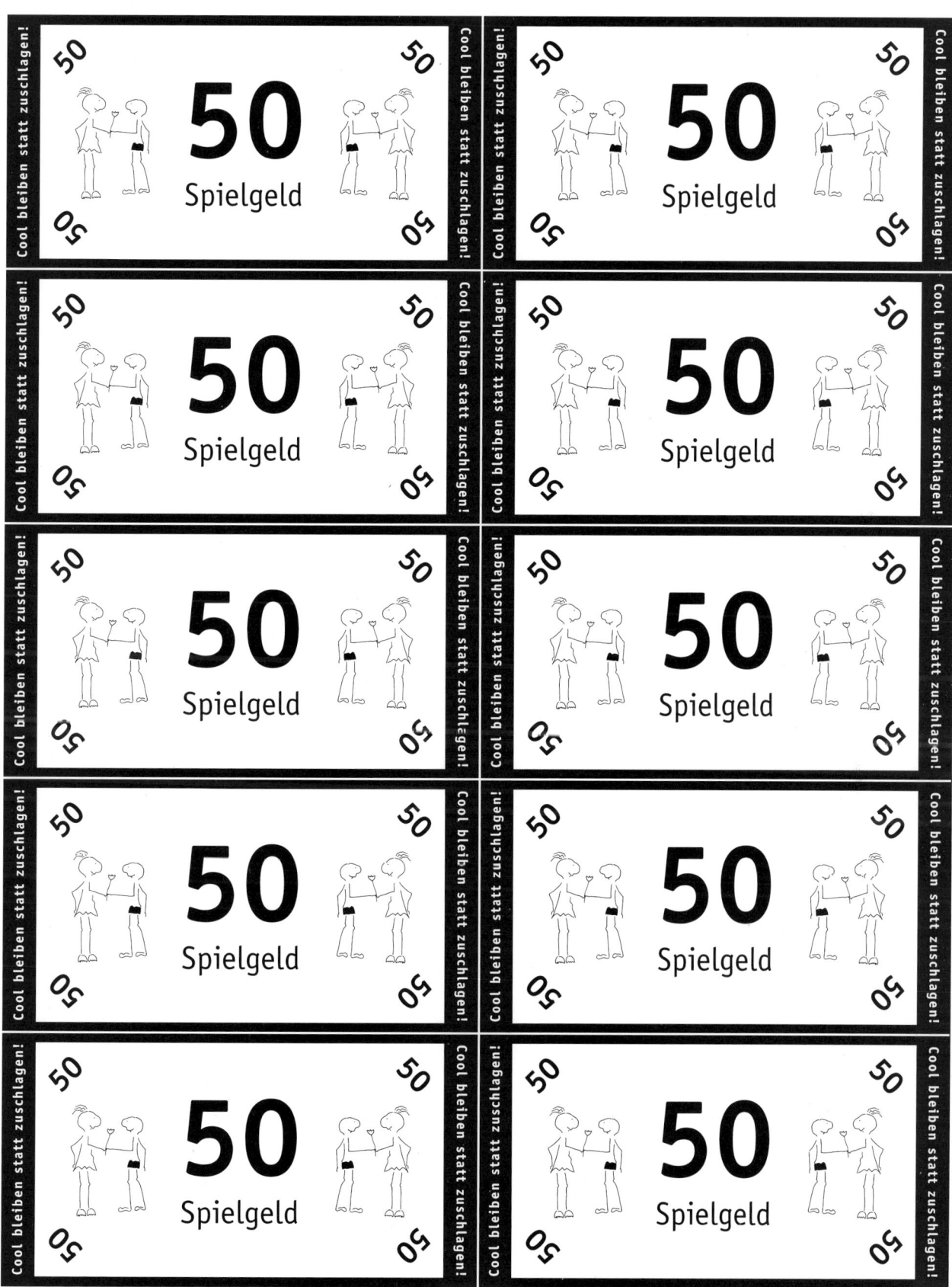

Kopieren Sie das Blatt nach Bedarf und schneiden Sie die Geldscheine aus.

M23 Spielgeld 5

Kopieren Sie das Blatt nach Bedarf und schneiden Sie die Geldscheine aus.

Entscheidungsscheibe

M24

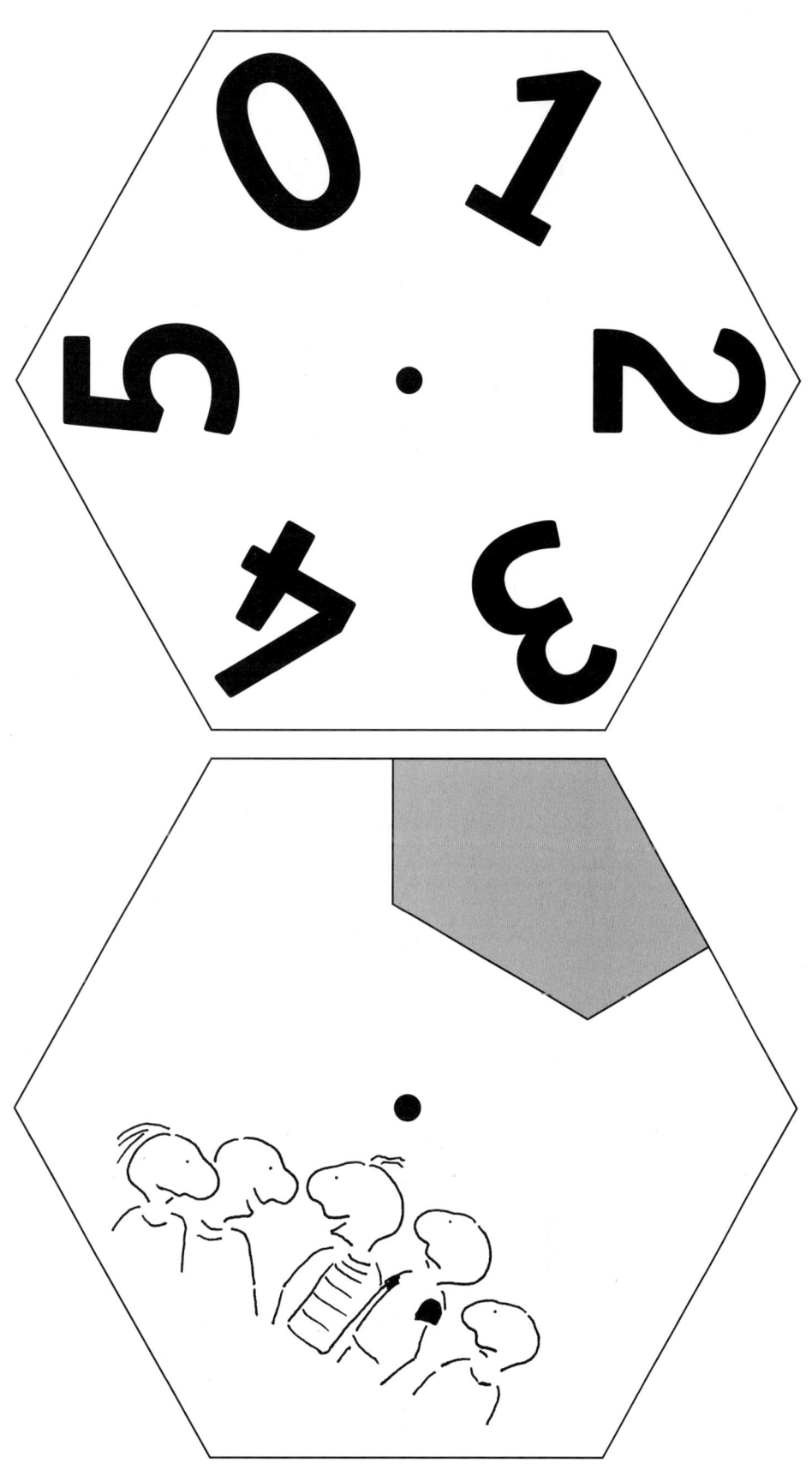

Kopieren Sie das Blatt nach Bedarf und schneiden Sie die Scheiben aus.

M25 Träume

Wie groß ist bei _____ der Traum, ...

1. ein Profispieler in der Fußball-Bundesliga zu werden?
2. eine Weltreise zu unternehmen?
3. einen BMW zu besitzen?
4. ein mächtiger Politiker zu werden?
5. eine Musikband zu gründen?
6. als Abenteurer durch den Urwald zu reisen?
7. einen Bestsellerroman zu schreiben?
8. einen Tag mit Robbie Williams zu verbringen?
9. teure Designerklamotten für ca. 10 000 € zu tragen?
10. ein berühmter Rapper zu werden?
11. das Endspiel einer Fußballweltmeisterschaft live im Stadion zu erleben?
12. einen Nobelpreis zu gewinnen?
13. in einer Zeitmaschine in die Vergangenheit und Zukunft zu reisen?
14. irgendwann einmal eine Familie zu gründen?
15. ein schönes Haus mit Garten zu besitzen?
16. mit einer Raumfähre in den Weltraum zu reisen?
17. Bananenzüchter in Südamerika zu werden?
18. bei einer Castingshow zu gewinnen?
19. im Lotto zu gewinnen, um nie mehr etwas arbeiten zu müssen?
20. ein berühmter Schauspieler zu werden?
21. sich für bedrohte Tierarten einzusetzen?
22. ein Model zu werden?
23. die Zeit zurückdrehen zu können?
24. den besten Abschluss der Schule zu erhalten?
25. für immer in ein anderes Land auszuwandern?
26. gegen Dirk Nowitzki Basketball zu spielen?
27. in seinem Garten eine riesige Ölblase zu finden?
28. in »TV total« bei Stefan Raab aufzutreten?
29. ein Formel-1-Rennfahrer zu werden?
30. als Archäologe eine unbekannte Dinosaurierart zu entdecken?
31. Kontakt mit verstorbenen Vorfahren aufzunehmen?
32. ein Jahr lang nur zu chillen?
33. Gott zu sein?
34. einem Lehrer mal richtig die Meinung zu sagen?
35. durch eine medizinische Entdeckung AIDS wirksam zu bekämpfen?
36. in einem piekfeinen Restaurant essen zu gehen?
37. Eltern zu haben, die einen endlich verstehen?
38. einmal den Mount Everest zu besteigen?
39. Geschäftsführer einer Firma zu werden?
40. ein halbes Jahr Strandurlaub auf Hawaii zu machen?
41. das Wetter steuern zu können?
42. ein Waisenhaus in Afrika zu errichten?
43. eine Fremdsprache perfekt zu beherrschen?
44. einen Beruf zu finden, der seinen Fähigkeiten entspricht?
45. eine Woche in einem Kloster zu verbringen?

Eigenschaften

M26

Wie groß ist folgende Eigenschaft bei _____ vorhanden?

1. belastbar
2. charmant
3. cool
4. diskussionsfreudig
5. diszipliniert
6. durchsetzungsfähig
7. ehrgeizig
8. ehrlich
9. einfühlsam
10. flexibel
11. fortschrittlich
12. freundlich
13. furchtlos
14. geduldig
15. genießerisch
16. gerecht
17. gesellig
18. gewissenhaft
19. großzügig
20. gründlich
21. gutmütig
22. hilfsbereit
23. humorvoll
24. kämpferisch
25. kinderlieb
26. konfliktfähig
27. kontaktfreudig
28. kreativ
29. modebewusst
30. musikalisch
31. mutig
32. naturverbunden
33. optimistisch
34. ordnungsliebend
35. organisiert
36. pflichtbewusst
37. pünktlich
38. reiselustig
39. religiös
40. risikofreudig
41. schlagfertig
42. sparsam
43. sportlich
44. teamfähig
45. temperamentvoll
46. traditionsbewusst
47. treu
48. unangepasst
49. verantwortungsbewusst
50. verlässlich
51. wohltätig
52. zufrieden

M27 Statements

Wie stark stimmt _____ folgender Meinung zu?

1. Jungen sind schlauer als Mädchen.
2. Die Schulpflicht sollte abgeschafft werden.
3. Ich habe Angst davor, dass zukünftig in unserem Land Terroranschläge verübt werden.
4. Bayern München ist ein toller Fußballverein.
5. Der Trainer unserer Fußballnationalmannschaft müsste gefeuert werden.
6. Klassenarbeiten sollten abgeschafft werden.
7. Rauchen sollte ab 14 Jahren erlaubt sein.
8. Die Castingshows im TV sind nervig.
9. Mädchen streiten sich öfter als Jungen.
10. Die Fußballprofis verdienen zu viel Geld.
11. Hunde sollten in der Öffentlichkeit einen Maulkorb tragen.
12. Die USA sind überheblich.
13. Jeder Schüler sollte seine Lehrer frei wählen können.
14. Zum Autofahren braucht man keine Führerscheinprüfung.
15. Die Pausen in der Schule sind zu kurz.
16. Alle Drogen sollten erlaubt werden.
17. Die Gesetze in unserem Land sind viel zu lasch.
18. Lehrer sind Besserwisser.
19. Jugendliche sollten ab 16 Jahren den Bundestag wählen können.
20. Die Schule bereitet zu wenig auf das Leben vor.
21. Es gibt in unserem Land zu wenig Polizisten.
22. Unser Schulgebäude müsste dringend renoviert werden.
23. Treue ist für eine Partnerschaft das Wichtigste.
24. Wer viel Fernsehen schaut, verblödet total.
25. Die Familienehre muss mit allen Mitteln verteidigt und hergestellt werden.
26. Die Jahreszeit Winter müsste abgeschafft werden.
27. Langschläfer sind faule Menschen.
28. Mathematik ist voll doof.
29. Jeder Bürger ist verpflichtet, von seinem Wahlrecht Gebrauch zu machen.
30. Nur schwache oder wahnsinnige Menschen brauchen Religionen.
31. Anderen zu helfen ist die wichtigste Aufgabe des Menschen.
32. Im TV sollten mehr Daily Soaps ausgestrahlt werden.
33. Sex vor der Ehe lehne ich ab.
34. Wer Gewaltvideospiele spielt, ist ein potenzieller Amokläufer.
35. Sonnengebräunte Haut ist schön.
36. Wer im Winter lange Unterhosen trägt, ist ein Weichei.
37. Ferrari ist eine geile Automarke.
38. Hip-Hop ist super Musik.
39. Jugendliche sollen selbst entscheiden, wann sie nach Hause kommen wollen.
40. Spinnen sind eklig.
41. Die Bibel ist ein gutes Buch.
42. Kinder hören zu wenig auf ihre Eltern.
43. Straffällige Ausländer sollten in ihr Land abgeschoben werden.
44. Wer arbeiten will, findet auch Arbeit.
45. Die Geschäfte sollten immer geöffnet haben.

Ziele

M28

> **Wer nicht weiß, wo er hin will,
> kommt meistens dort an,
> wo er gar nicht hin will.**

Ich kann ein Ziel nur dann erreichen, wenn es …
- mir auch wichtig,
- eindeutig formuliert,
- für mich realistisch,
- in Etappenziele aufgegliedert ist.

Schritte, um ein Ziel zu erreichen:

① Schriftliche Fixierung des Ziels
Ich formuliere genau, was ich verwirklichen will, damit ich später überprüfen kann, ob ich am Ziel angekommen bin.

② Aufteilung in Etappenziele
Ich teile das Ziel in mehrere kleine Etappenziele auf, damit ich den Überblick behalte und Schritt für Schritt dem Ziel entgegengehe.

③ Mögliche Hindernisse und Lösungen
Ich setze mich jetzt schon damit auseinander, was mich daran hindern könnte, das Ziel zu erreichen, und überlege mir, wie ich die möglichen Schwierigkeiten lösen kann.

④ Zeitplan
Ich setze mir für jedes Etappenziel einen realistischen Termin, an dem ich es erreicht haben will.

M29 Ziele erarbeiten

① Schriftliche Fixierung des Ziels

Mein Ziel ist mir wichtig und auch von mir erreichbar. Ich formuliere genau, was ich verwirklichen will, damit ich später überprüfen kann, ob ich am Ziel angekommen bin:

_____

_____

② Aufteilung in Etappenziele

Ich teile das Endziel in mehrere kleine Etappenziele auf, damit ich den Überblick behalte und Schritt für Schritt dem Ziel entgegengehe:

1. Etappenziel: _____

2. Etappenziel: _____

3. Etappenziel: _____

4. Etappenziel: _____

5. Etappenziel: _____

③ Mögliche Hindernisse und Lösungen

Ich setze mich jetzt schon damit auseinander, was mich daran hindern könnte, das Ziel zu erreichen, und überlege mir, wie ich die möglichen Schwierigkeiten lösen kann:

Mögliche Hindernisse	Lösungsideen

④ Zeitplan

Ich setze mir für jedes Etappenziel einen realistischen Termin, an dem ich es erreicht haben will:

Etappenziele	Bis wann erreicht?
1. Etappenziel	
2. Etappenziel	
3. Etappenziel	
4. Etappenziel	
5. Etappenziel	
Endziel	

Fantasiereise »Unter Wasser schwimmen« 1 — M30

Hinweis: Wörter und Anweisungen in Klammern sind nicht zum Vorlesen gedacht.

(1. Entspannungsphase – Hinführung zur Reise)

- Wir wollen jetzt eine Reise machen.
- Eine Reise in deine Fantasie.
- Such dir dazu in diesem Raum einen Platz:
  - Du kannst dich hinsetzen oder hinlegen.
  - Mach es dir bequem.
- Wenn du dich an irgendeiner Stelle unwohl fühlen solltest, kannst du die Augen wieder öffnen und dich hinsetzen.
  - Tu dies aber bitte geräuschlos.
  - Du kannst jederzeit aus der Reise aussteigen.

(Stellen Sie die Musik an.)

- Du hast in den nächsten Minuten nur Zeit für dich – genieße diese Zeit.
- Schließe deine Augen, werde ruhig und höre auf die Musik.
- Spüre deinen Atem, wie er den Bauch füllt und wieder entweicht.
  - Dein Atem kommt und geht, und du brauchst jetzt nichts zu tun.
  - Mit jedem Atemzug entspannst du dich ein wenig mehr.
- Überlege, welche Gedanken dir im Moment durch den Kopf gehen.
  - Schau sie dir genau an.
  - Und nun lass deine Gedanken wegfliegen wie Vögel, denn du brauchst sie im Moment nicht mehr.
- Versuche nun zu spüren, wie dein Körper auf dem Boden aufliegt, welche Stellen Kontakt mit dem Boden haben und welche Stellen zu schweben scheinen.
  - Du spürst, wie der Boden dich trägt und dir Halt und Sicherheit gibt.
  - Genieße dieses Gefühl des Getragenseins.
  - Entspanne dich noch ein wenig mehr.
- Du liegst nun schwer und entspannt auf dem Boden.
  - Alle Muskeln sind locker.
  - Du wirst vom Boden getragen.
- Du bist entspannt und ruhig.
  - Deine Füße und Beine sind ganz schwer.
  - Deine Hände und Arme sind ganz schwer.
  - Dein Nacken und deine Schultern sind ganz schwer.
  - Dein Gesicht ist entspannt und gelöst.
  - Du lässt los.
  - Du gibst alle Spannungen ab – weg von dir.
  - Du bist ruhig und entspannt.

M30 Fantasiereise »Unter Wasser schwimmen« 2

(2. Reisephase – die eigentliche Reise)

- Stell dir vor:
  - Du bist an einem Strand einer kleinen, grünen Insel – weit weg von hier.
  - Ruhe und Stille um dich herum – und auch in dir.

- Du fühlst den Sand unter deinen Füßen – warm und weich.
  - Deine Zehen wühlen sich in diesen warmen, weichen Sand.
  - Ein weiter, heller, sanft verlaufender Strand liegt vor dir.
  - Du läufst fröhlich umher.
  - Die Haare flattern dir ins Gesicht.
  - Du schmeckst das Salz des Meeres auf deiner Zunge.
  - Du hörst die Wellen schlagen – rauschen – auf und ab.
  - Du atmest ruhig – ein und aus.

- Dein Blick gleitet zum blau-grünen Meer hinüber.
  - Das Wasser schimmert verlockend vor dir.
  - Es ist ruhig, nur ein paar kleine Wellen plätschern dir entgegen.
  - Es ist warm, die Sonne scheint vom strahlend blauen Himmel auf dich herab.
  - Du entschließt dich, schwimmen zu gehen.
  - Du spürst unter deinen Füßen den matschigen, feuchten Sand.
  - Mit deinen Fußspitzen testest du die Wassertemperatur.
  - Das Wasser ist warm – ganz warm.
  - Langsam gehst du ins Wasser hinein.
  - Das Wasser erreicht deine Knie.
  - Jetzt spürst du es schon an deinem Bauch.
  - Schon bist du mit deinem ganzen Körper im Wasser.

- Wie durch einen Zauber fühlst du dich schwerelos.
  - Du kannst schwimmen – tauchen wie ein Fisch.
  - Das Wasser umgibt dich in einer angenehmen Weise.
  - Du schwimmst immer tiefer ins Wasser hinein.
  - Die Wasseroberfläche ist kaum noch zu sehen.
  - Du schwimmst wie ein Fisch – sicher und leicht.
  - Du fühlst dich leicht, wohl und sicher – um dich herum ist es ganz still.
  - Du spürst das Wasser, wie es sich um deinen Körper leicht bewegt.

- Fische sind dir ganz nahe.
  - Schwärme von bunten, schillernden Fischen.
  - Viele Formen und Farben.
  - Du siehst Korallenbäume, grüne Pflanzen und Algen.
  - Du tauchst bis zum Grund.
  - Du siehst so vieles: Muscheln, Seesterne, Steine und Sand.
  - Du fühlst dich leicht und lebendig.
  - Du gleitest durch die Tiefen und schaust dir alles an, was dir auf deiner Entdeckungsreise begegnet.

(30 sec Pause)

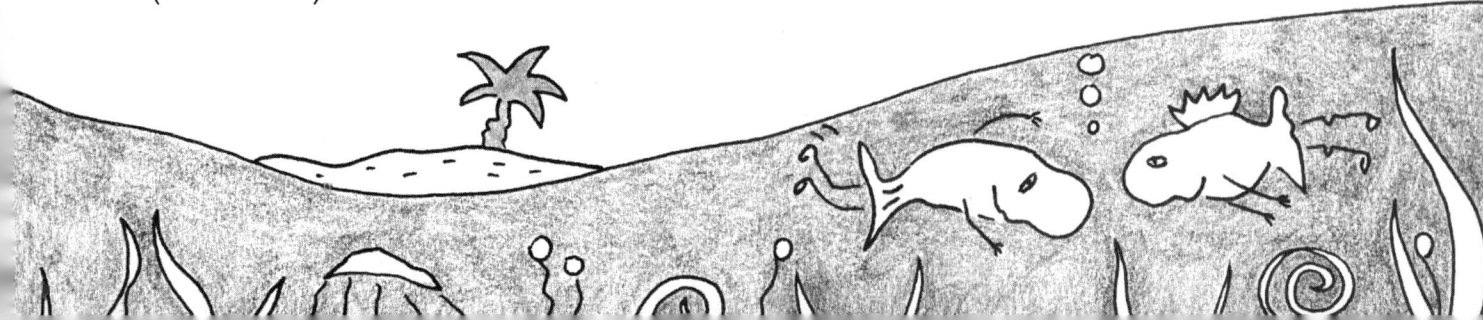

Fantasiereise »Unter Wasser schwimmen« 3

- Und nun entschließt du dich, wieder nach oben zu tauchen.
  - Du gleitest langsam nach oben.
  - Der Grund wird immer unschärfer.
  - Über dir wird es immer heller.
  - Du kommst der Wasseroberfläche immer näher.
  - Nur noch wenige Meter.
  - Du siehst den Rumpf eines Bootes über dir.
  - Du tauchst neben dem Boot auf und schwingst dich ohne Mühe hinein.
  - Du legst dich auf den Boden und genießt die herrlich warme Sonne.
  - Du liegst schwer, warm und ruhig.
  - Dein Atem geht ruhig und gleichmäßig.
  - Du genießt diese Zeit, dir geht es gut.

(30 sec Pause)

- Und nun ist es Zeit, Abschied zu nehmen.
  - Du siehst dir noch mal alles an: das Boot, das Meer und den Strand.
  - Du verabschiedest dich.
  - Du verlässt deine Insel.
  - Du entfernst dich immer mehr von der Insel, bis sie nur noch als kleiner Punkt zu sehen ist.
  - Und selbst der kleine Punkt ist jetzt nicht mehr zu sehen.

(3. Aufwachphase – Rückkehr in die Realität)

- Du kommst jetzt wieder zurück in den Raum, in dem deine Reise begann.
- Spüre deinen Atem, wie er den Bauch füllt und wieder entweicht.
  - Gehe deinem Atem nach – spüre, wie du einatmest und wieder ausatmest.
  - Du atmest ein und wieder aus – ein und aus.
- Versuche nun zu spüren, wie dein Körper auf dem Boden aufliegt.
  - Spüre, welche Stellen Kontakt mit dem Boden haben.
  - Spüre deine Füße (Pause), deine Unterschenkel (Pause) und deine Oberschenkel (Pause).
  - Spanne die Muskeln in deinen Beinen an und löse sie wieder.
  - Spanne sie an und löse sie wieder.
  - Spüre nun deine Hände (Pause), deine Unterarme (Pause) und deine Oberarme.
  - Balle deine Hände zu Fäusten.
  - Öffne deine Hände wieder und strecke deine Finger aus.
- Spüre deinen Kopf und dein Gesicht.
  - Spanne dein Gesicht an – alle Gesichtsmuskeln sind nun angespannt.
  - Entspanne deine Gesichtsmuskeln wieder und öffne langsam die Augen.
- Richte dich langsam auf.
- Nimm deine Umgebung wahr.
- Schau dir die Menschen an, die auch in diesem Raum sitzen.
- Du bist wieder zu Hause – hier bei den Leuten, die du kennst.

M31 Auswertung des Projekts

»Cool bleiben statt zuschlagen!« – Deine Meinung ist gefragt!

1. Was fällt dir als Erstes ein, wenn du an das Projekt denkst?

2. Haben dir die Spiele gefallen?
   - ○ ja
   - ○ es geht so
   - ○ nein

3. Wie ist das Miteinander in eurer Klasse im Vergleich zum Schuljahresanfang?
   - ○ besser
   - ○ wie am Anfang
   - ○ schlechter

4. Hast du durch das Projekt deine Mitschülerinnen und Mitschüler besser kennengelernt?
   - ○ ja
   - ○ es geht so
   - ○ nein

5. Kennst du jetzt besser deine Stärken und Schwächen?
   - ○ ja
   - ○ es geht so
   - ○ nein

6. a) Welche Regel, die wir am Anfang des Projekts beschlossen hatten, wurde am besten eingehalten?

   b) Welche Regel am wenigsten?

7. Was willst du in Zukunft bei einem Streit anders machen?

8. Was hast du am besten gefunden? Was hat dich am meisten beeindruckt? Begründe bitte kurz.

9. Was hast du total schlecht gefunden? Was hat dich am meisten gestört? Begründe bitte kurz.

10. Hat sich deine Meinung zum Projekt im Laufe der Zeit verändert? Wenn ja, wie?

11. Gibt es etwas, das im Projekt nicht vorkam, deiner Meinung nach aber unbedingt vorkommen sollte?

12. Welche Schulnote würdest du diesem Projekt geben?

Wenn der Platz nicht ausreicht, benutze bitte die Rückseite. Vielen Dank für deine Mitarbeit!

Urkunde

_____

hat vom _____ bis zum _____

am Schulprojekt

Cool bleiben statt zuschlagen!

teilgenommen.

_____   _____   _____
Schulleitung   Schulstempel   Projektleitung

M33 Buttons

LITERATUR UND INTERNETADRESSEN

Benner, Tilo: Cool bleiben statt zuschlagen! Bausteine zur Ausbildung von Schülermediatoren. 8.–10. Klasse, Buxtehude 2008.

Fachstelle Gewaltprävention: Konfliktfähigkeit in Ausbildung und Beruf. Bausteine für Seminare mit SchülerInnen und Auszubildenden. Konflikte verstehen. Kommunikation verbessern. Mediation üben. Mit Gewalt umgehen, Freiburg 2005.

Friedrichs, Dirk/Herweg, Gert/Rademacher, Helmolt (Hg.): PiT-Hessen. Prävention im Team – ein hessisches Gewaltpräventionsprogramm mit Teambildung von Schule, Polizei und Jugendhilfe, Frankfurt ³2005.

Gilsdorf, Rüdiger/Kistner, Günter: Kooperative Abenteuerspiele 1. Praxishilfe für Schule, Jugendarbeit und Erwachsenenbildung [Edition: Gruppe & Spiel], Seelze-Velber ¹⁴2005.

Gilsdorf, Rüdiger/Kistner, Günter: Kooperative Abenteuerspiele 2. Praxishilfe für Schule, Jugendarbeit und Erwachsenenbildung [Edition: Gruppe & Spiel], Seelze-Velber ⁴2004.

Goleman, Daniel: Emotionale Intelligenz, München ¹²1999.

Grom, Bernardt: Methoden für den Religionsunterricht, Jugendarbeit und Erwachsenenbildung, Düsseldorf und Göttingen 1996.

Grossman, Dave: Trained to kill, in: Christianity Today (10. August 1998) [http://www.ldolphin.org/trained.html].

Hillenbrand, Clemens: Didaktik bei Unterrichts- und Verhaltensstörungen, München und Basel 1999.

Hillenbrand, Clemens: Einführung in die Verhaltensgestörtenpädagogik, München und Basel 1999.

Hirling, Hans: 2000 Spiele für die Gruppenstunde, Party oder Ferienlager
[http://www.praxis-jugendarbeit.de/spiele-sammlung.html].

Kamin, Volker: Teamspiele. Herausfordernde Teamspiele mit Erlebnischarakter, Kassel 2001.

Klippert, Heinz: Methoden-Training. Übungsbausteine für den Unterricht, Weinheim und Basel ¹¹2000.

Konnerth, Tania: Phantasiereisen erleben
[http://www.zeitzuleben.de/artikel/denken/phantasiereisen-praxis.html].

Konnerth, Tania: Phantasiereisen – was ist das genau?
[http://www.zeitzuleben.de/artikel/denken/phantasiereisen.html].

Kurz, Helmut: Methoden des Religionsunterrichts. Arbeitsformen und Beispiele, München ⁴1998.

Miller, Reinhold: »Du dumme Sau!« Von der Beschimpfung zum fairen Gespräch, Lichtenau 2001.

Myschker, Norbert: Verhaltensstörungen bei Kindern und Jugendlichen. Erscheinungsformen – Ursachen – hilfreiche Maßnahmen, Stuttgart, Berlin und Köln ³1999.

Portmann, Rosemarie: Spiele zum Umgang mit Aggressionen, München ⁶2001.

Remschmidt, Helmut (Hg.): Kinder- und Jugendpsychiatrie. Eine praktische Einführung, Stuttgart und New York ³2000.

Rhode, Rudi/Meis, Sabine: Aggression und Gewalt. Weiterbildung für Lehrerinnen und Lehrer, Wuppertal o.J.

Schulz von Thun, Friedemann: Miteinander reden 1. Störungen und Klärungen. Allgemeine Psychologie der Kommunikation, Hamburg 1998.

Stadt Brühl (Hg.): Auf dem Weg ins freundliche Klassenzimmer »Streiten ist cool«, Brühl 1999.

Thomas, Philipp: Was mir im Leben wichtig ist. Ein Spiel zum Thema Werte, Ziele und Träume, in: RAAbits Religion. Sekundarstufe I/II. Impulse und Materialien für die kreative Unterrichtsgestaltung, Stuttgart 2005.

Walker, Jamie: Gewaltfreier Umgang mit Konflikten in der Sekundarstufe I. Konflikte und Lösungen, Berlin 1995.

Wilms, Heiner/Wilms, Ellen: Erwachsen werden. Life-Skills-Programm für Schülerinnen und Schüler der Sekundarstufe I. Handbuch für Lehrerinnen und Lehrer, Wiesbaden ²2000.

Zimbardo, Philip G.: Psychologie, bearbeitet und hg. v. S. Hoppe-Graff und B. Keller, Berlin u.a. ⁵1992.

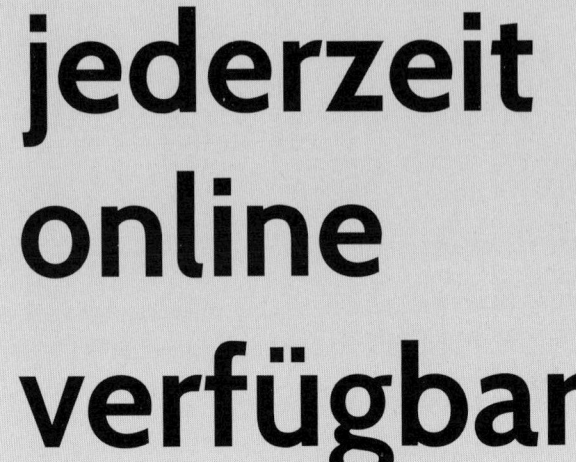
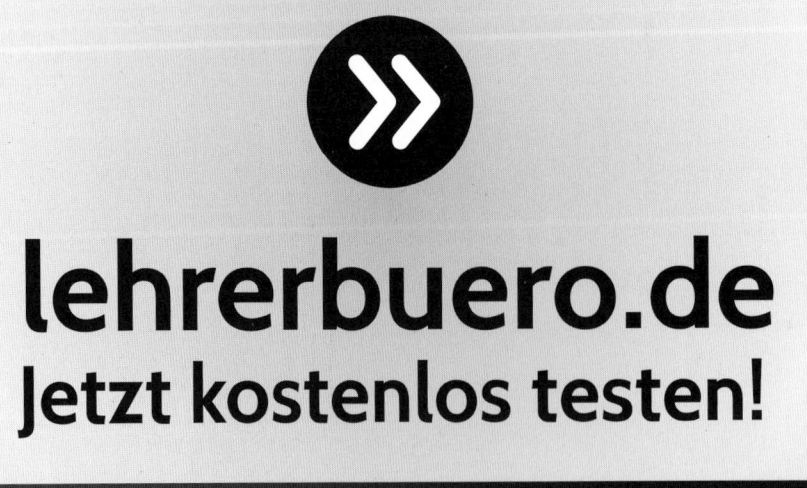